叛逆期，父母引导女孩的沟通细节

宗远 ○ 编著

中国纺织出版社有限公司

内 容 提 要

女孩在成长的过程中要经历三个叛逆期，其中，10~18岁是最漫长的青春叛逆期。在青春期，女孩从身体到心灵都在快速地成长，处于各种变化之中。父母必须抓住这个时期给予女孩关注和引导，满足女孩的心理和情感需求，女孩才能健康快乐地成长。

本书以心理学知识为基础，结合女孩在成长过程中的诸多表现和烦恼困惑，深入分析了女孩在青春期出现的行为问题、心理问题和情感问题，帮助女孩和父母厘清青春期的千头万绪，助力父母陪伴女孩度过青春期，也让女孩拥有更加幸福美好的青春期。

图书在版编目（CIP）数据

叛逆期，父母引导女孩的沟通细节 / 宗远编著.--北京：中国纺织出版社有限公司，2024.4
ISBN 978-7-5229-0627-0

Ⅰ.①叛… Ⅱ.①宗… Ⅲ.①女性—青春期—家庭教育 Ⅳ.①G782

中国国家版本馆CIP数据核字（2023）第094178号

责任编辑：邢雅鑫　　责任校对：高　涵　　责任印制：储志伟

中国纺织出版社有限公司出版发行
地址：北京市朝阳区百子湾东里A407号楼　邮政编码：100124
销售电话：010—67004422　传真：010—87155801
http://www.c-textilep.com
中国纺织出版社天猫旗舰店
官方微博 http://weibo.com/2119887771
三河市延风印装有限公司印刷　各地新华书店经销
2024年4月第1版第1次印刷
开本：710×1000　1/16　印张：13.5
字数：150千字　定价：49.80元

凡购本书，如有缺页、倒页、脱页，由本社图书营销中心调换

前言
PREFACE

大概10岁，女孩的第二性征开始发育，青春期也如约而至。进入青春期之后，女孩的成长速度越来越快，充满生命的活力，也如同花骨朵一样含苞待放。在这个时期，曾经让父母引以为傲的女孩变了，不再是"贴心小棉袄"，而成为等待绽放的美丽玫瑰，既绽放出特有的芬芳，也长满了尖刺。在与青春期女孩相处的过程中，父母一不小心就会被玫瑰的尖刺扎伤。父母不明白原本乖巧懂事的女孩为何变得这么任性，不知道从何时开始对父母关闭了心扉，不愿意与父母继续沟通。很多父母想方设法地试图打开女孩的话匣子，但是女孩却充耳不闻，一旦听到父母唠唠叨叨，她们就会非常厌烦。

和青春期的身体变化、心理变化一起到来的，是越来越繁重的学业和沉重的学习压力。很多青春期女孩在进入初中阶段的学习后都会产生浓厚的消极情绪，这是因为她们在某些课程的学习方面遇到了前所未有的困难，也面对着巨大的挑战。而且，学习表现不佳、学习成绩落后，都会给她们带来压力，使她们紧张、焦虑。

此外，女孩还面临着人际交往的困境和难题。有些女孩生性孤僻，因为各种原因陷入自卑的泥沼无法自拔，这使得她们独来独往、孤独寂寞。与这些女孩恰恰相反，有些女孩则天生就是开心果，性格开朗，很快就能和同学们彼此熟悉，相互了解，成为朋友。除了与同性相处外，女孩还面临着和异性相处的状况。在与异性相处的时候，女孩必须和异性把握好交往的尺度，发展纯粹的友谊。否则，在情窦初开的年纪，一旦行为失去分寸感，女孩就有可能陷入早恋的旋涡，使自己心生烦恼。

总而言之，女孩唯有顺利地度过青春期，才能真正地成长起来。面对着青春期，女孩往往犹豫、彷徨，就像面对人生的十字路口一样不知道该如何选择。看到女孩如此困惑，作为父母，首先要知道女孩在青春期所面临的身心变化，从而引导女孩正确地认识自身的改变，也真正做到接纳自己的改变。其次，父母尤其要重视和青春期女孩的沟通问题。当女孩不再像小时候那样对父母敞开心扉、无话不谈，父母要主动地关心与呵护女孩，也要找一些合适的话题和女孩进行亲密沟通，这样才能更加全面地了解女孩，也才能如愿以偿地成为女孩的坚实后盾。

在和女孩相处的过程中，父母要给予女孩尊重和平等对待，既要为女孩的身体成长提供足够的营养，也要为女孩的身心健康和情感需求提供支持。父母要致力于为女孩营造民主的家庭氛围，让女孩在爱和自由中快乐成长。父母固然望女成凤，却要把培养女孩的好性格、好心态、好习惯等放在首位，相信当女孩具备自觉、自信和自律的力量，她们在很多方面都会出类拔萃。青春期是一场生命的蜕变，女孩能否破茧成蝶，取决于父母给予她们多少有效的帮助，更取决于父母给予她们多少关爱与呵护。

每一位父母都应该认真地阅读本书。尤其是作为父亲，更是不能缺席女孩的成长，误以为只需要由妈妈肩负起陪伴女孩成长的重任就可以了。如果说妈妈给予女孩的爱是细致琐碎的，是体贴入微的，温暖了女孩的整个身心，那么爸爸给予女孩的爱就应该是博大深厚的，是绵长不绝的，能够为女孩的生命提供更加强大的力量。

每一个幸福女孩的身后，一定有爱她的爸爸妈妈作为支撑；每一个幸福女孩的身后，一定有温暖的家庭作为坚强后盾。作为女孩，只有足够强大，才能成为自己人生的主宰者和掌控者，创造精彩的人生！

编著者

2023年12月

目录
CONTENTS

第一章 爱与自由，给叛逆期女孩最好的成长环境

陪伴，是给女孩的最好礼物　003
尊重女孩，让女孩保有秘密　006
放手，给女孩更广阔的人生天地　011
宽容，才能让女孩真心悔过　015
平等，营造民主的家庭氛围　020
接纳，无条件地接纳女孩本来的样子　023

第二章 搭建亲子沟通桥梁，让女孩敞开心扉真诚面对父母

不唠叨，还给女孩清净的世界　029
女孩也是很爱面子的　032
不要让女孩感到失望　035
保护女孩的自尊　039
爱不是强迫，也不是捆绑　042
学会敲门，给女孩独立空间　045

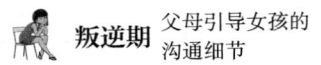

第三章 十年树木百年树人，以优秀品质铸就女孩一生基石

自信，给女孩充足的底气　051

吃得苦中苦，方为人上人　054

礼貌待人，心怀感恩　058

懂得道理，以理服人　062

做负责任有担当的女孩　065

诚信，是女孩立足之本　069

第四章 梦想是人生的驱动力，让女孩坚持不懈勇往直前

女孩，你为自己读书　075

对学习始终满怀热情　078

拒绝考试焦虑　082

不要总是盯着第一名　085

与老师保持良好关系　089

点燃梦想，让学习始终充满动力　092

学会比较　096

第五章 好习惯助力学习，优秀的女孩自觉主动不用催促

争分夺秒，不让时间偷偷溜走　103

习惯性拖延并非无药可治　107

补足短板，不再受限　110

目录

营造充满书香的家庭氛围　　113

第六章 掌控情绪，让女孩成为情绪的主人

谁说叛逆期一定要叛逆　　119
少抱怨，学会发现他人的闪光点　　123
正确处理嫉妒的情绪　　127
不要让悲伤逆流成河　　131
不要让抑郁的阴云笼罩自己　　135
愤怒会让女孩失去理智　　139

第七章 成为社交达人，拥有社交力的女孩更从容

如何与朋友相处　　145
寻找真正的友谊　　149
勇敢地说出真话　　152
追星的女孩伤不起　　154
勇敢的女孩不惧怕校园霸凌　　156
慎重和网友见面　　158

第八章 少女也识愁滋味，学会排遣忧愁成长更快乐

女孩，不要过度放纵自己　　165
爱说脏话怎么办　　169

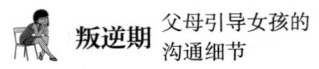

女孩要学会自爱　　172
一不小心出糗了　　174
不当"坏女孩"　　178
适度使用电子产品　　181

第九章　雨季不烦恼，青春期女孩要了解自己的身体

初潮是什么　　187
保护好胸前的花蕾　　191
要减肥，更要健康　　194
痘痘给女孩带来的烦恼　　198
女孩的汗毛为何那么长　　202
我还能长高吗　　205

参考文献　　208

第一章

爱与自由，给叛逆期女孩最好的成长环境

不管是对于女孩而言，还是对于父母而言，青春期都是一场考验。在青春期，父母要学会与女孩相处，而女孩则要学会慢慢长大。青春期的女孩面临身心的巨大改变，她们也同时面临着新鲜的生活和使人感到沉重的学习压力。从这个意义上来说，整个家庭都面临着严峻的青春期考验。其实，只要让女孩在爱与自由中成长，女孩就会更加愉快地度过青春期。

陪伴，是给女孩的最好礼物

说起女孩的成长，很多爸爸都误以为女孩更需要妈妈的陪伴，而爸爸只要负责赚钱养家就好。其实，这是对于陪伴的误解，也是对青春期女孩的伤害。女孩处于青春期，身心都快速成长，因而常常面临各种困惑，遭遇各种困难。在这种情况下，爸爸的陪伴对女孩而言至关重要。在父亲的陪伴下，女孩将会获得安全感，即使遭遇困难和挫折，也不会觉得自己孤立无援。有人说，父爱如山，其实爸爸何尝不像是沉默的高山，一直站在女孩的身后呢。有些青春期女孩因为缺乏安全感，倍感孤独无助，甚至会做出一些冲动的事情，造成不可挽回的严重后果。

心理学家认为，在女孩成长的过程中，爸爸非但不能缺席，而且还扮演着至关重要的角色。甚至从某种意义上来说，在女孩个性形成的过程中，爸爸起到了更加不可或缺的影响作用。每一个女孩都应该在父爱中长大，也要在与爸爸朝夕相处的过程中，感受到爸爸的力量。从不缺少父爱的女孩，必然更加自信，也会更加勇敢。

> 柳柳是个很可爱的女孩，乖巧懂事，就是胆子有些小。在班级里，唯独柳柳说话的声音就像蚊子哼哼，堪称是全班说话声音最小的女孩。课堂上，老师偶尔叫柳柳回答问题，柳柳就总是低着头，支支吾吾地说着什么，把老师急得支棱起耳朵，却依然听不清楚。老师意识到柳柳说话声音

> 小，不仅仅是因为胆子小，还有可能是其他原因导致的。为此，老师特意找了时间，约了柳柳的妈妈来学校面谈。
>
> 经过一番询问，老师得知在柳柳很小的时候，她的爸爸就和妈妈离婚了，柳柳和妈妈相依为命。妈妈很害怕柳柳受伤，又常常告诉柳柳单亲妈妈多么辛苦，家里的生活又有多么艰难。虽然柳柳因此变得更加懂事，但是她也越来越胆怯。一直以来，妈妈都拒绝让爸爸探视柳柳，这个时候，老师真诚地劝说道："柳柳妈妈，按理说我作为老师不应该干涉你们的家务事，不过柳柳还是需要和男性尤其是爸爸多多相处的。因为咱们作为女性养育女孩总是为了稳妥起见，处处限制和约束女孩。但是男性却不同，他们会鼓励女孩去挑战，也会比我们粗枝大叶一些，反而能够锻炼女孩。您觉得呢？"妈妈若有所思，想到柳柳一天天长大，终究会问起爸爸，因而决定创造机会让柳柳和爸爸相处。果然，柳柳最初见到爸爸的时候虽然有些认生和害羞，但是随着和爸爸相处的时间越来越长，她每到周末都会盼望爸爸的到来。她的性格越来越开朗，胆子也越来越大了。

在与爸爸相处的过程中，女孩渐渐地学会了与异性相处。有些女孩从小就特别崇拜爸爸，在长大成人之后，她们还会在不知不觉间以爸爸为标准进行择偶。她们自信美丽，落落大方。在异性面前既不会忸怩作态，也不会大女子主义。那么，具体来说，爸爸应该如何陪伴女孩，并且给予女孩最好的教育呢？

首先，爸爸可以与女孩亲密相处。很多爸爸面对青春期的女孩总是会刻意保持距离，这会使女孩觉得疏远。也有些爸爸为了维护作为家长的权威，故意在女孩面前高高在上。其实，这些举动都是不可取的，女孩对爸爸的尊敬和爱戴都源自亲密无间的父女关系，所以爸爸的首要任务是与女孩之间建立良好的亲子关系。

其次，爸爸要注意维护自己的形象，给女孩树立好榜样。很多男性都有传统的思想，依然坚持着女主内、男主外的传统家庭模式，在家里总是需要妻子伺候，还动不动就大发脾气。如果女孩从小就认可这样的夫妻相处之道和家庭生活模式，那么将来她们在寻找人生伴侣和组建家庭的时候，也就会在不知不觉间进入这样的误区。

再次，爸爸可以和女儿一起做有意义的事情。很多爸爸陪伴女孩的方式都很简单，堪称无聊乏味，他们只会带着女孩去吃美味的食物，或者是给女孩买各种玩具和衣服。其实，随着不断成长，女孩对于食物和衣服等的需求已经不是首要的了，她们更渴望有机会可以与爸爸亲密相处，也更渴望和爸爸一起进行各种各样的挑战，留下难以忘却的回忆。所以爸爸们完全可以以更加丰富多彩的方式与女孩相处，如借助于现代的通讯手段和女孩聊天，和女孩一起去旅游，并且拍摄旅游照片等。此外，还要培养女孩的博爱之心，有机会的时候和女孩一起去社会福利院等地方献爱心，从而既把自己的另一面展现给女孩，也能看到女孩和平日里不同的模样。

最后，好爸爸一定会与女孩保持顺畅的沟通。对于青春期女孩，如果面对面沟通不能始终保持心平气和，那么就可以采取电子通讯手段进行沟通，也可以以书信的方式进行沟通。有的时候，当面沟通产生的冲动情绪等，在书面沟通的情况下就会变得更加平静。尤其是在那些特别的日子里，爸爸更是要陪伴在女孩身边，即使不能陪伴在女孩身边，也要以短信、微信和书信等方式祝福女孩。

作为爸爸，既要有男性的粗犷和豪放，让女孩感受到男性的力量，获得真正的安全感，也要以细腻的心思对待女孩，让女孩知道爸爸是世界最爱她的人，不管什么时候都会坚定不移地陪伴在她的身边。这样女孩才会感到更加安心，也才会在与爸爸朝夕相处的过程中幸福成长！

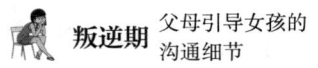
叛逆期 父母引导女孩的沟通细节

尊重女孩，让女孩保有秘密

很多父母固然和女孩很亲近，却忽略了女孩随着不断成长，越来越需要父母的尊重。父母必须与时俱进跟上女孩成长的节奏，要知道女孩长大了，会有自己的小秘密，父母不能继续要求女孩对父母毫无保留地倾诉。尤其是在进入青春期之后，很多父母都发现女孩越来越不愿意敞开心扉，有的时候还会嫌弃父母太过唠叨，因而和父母针锋相对呢！为此，父母抱怨女孩不听话不懂事，其实这是误解女孩了。

进入青春期后，女孩的自我意识越来越强。她们不再像小时候一样对父母言听计从，而是有了自己的想法和主见。在这种情况下，父母如果还和之前一样对女孩提出各种要求，而且不给女孩任何自主的权利，那么女孩就会为了捍卫自己的权利而与父母针锋相对，甚至还会和父母吵闹起来。不要把家庭教育的问题都归结于女孩身上，而是要意识到女孩进入了特定的成长阶段，有所改变也是正常的。当父母更多地了解女孩的身心发展特点，也能够设身处地地为女孩着想，那么女孩就会有所改变。

国庆假期，恰逢中秋，妈妈和爸爸商议之后，决定全家利用这个宝贵的假期去旅游。妈妈兴致勃勃地把这个消息告诉小蕊，原本以为小蕊会很开心地欢呼雀跃，却没想到小蕊不以为然地说："旅游有什么意思呢？又要花钱，又很辛苦，还要和那么多人一起排队。既然你们想去看人头，那么你们就去吧，我留在家里负责看门。"小蕊话音刚落，妈妈就着急地说："不行，不行！你自己留在家里不安全，况且，你不应该是全家最想去旅游的吗？要知道，有些女孩想去旅游，爸爸妈妈还不同意呢！你可别身在福中不知福啊！"

听了妈妈的话，小蕊被惹恼了。她生气地说："我不想去旅游，难道你们还把我绑着去吗？你们想去就自己去，不能强迫我！"眼看着女儿把自己的好心当成了驴肝肺，妈妈又是生气，又是着急。这个时候，爸爸走过来问小蕊："小蕊，能说说你为什么不愿意去旅游吗？"小蕊看到爸爸和颜悦色，这才说道："我平时上学太累了，放假只想留在家里休息。况且，我们只是名义上有七天假期，做作业至少要花费四天时间。要是去旅游，我根本没有时间完成作业了。"听到女儿说得头头是道，爸爸建议道："要不这样吧，我们也别长途旅游了，就一日游或者两日游吧，看你完成作业的情况而定，好不好？如果你不愿意旅游，也可以抽一天时间去游乐场好好玩玩，怎么样？"小蕊这才开心地笑起来。

太多的父母都以为女孩好为理由，强求女孩做很多事情。在小时候，女孩也许会接受父母的好意，因为她们还不具备拒绝的意识，也不具备拒绝的能力。但是等到渐渐长大了，进入了青春期，女孩就有了自己的主见，再也不愿意凡事都听从父母的安排了。在青春期，不仅男孩的性格越来越刚，女孩的性格也会有很大的变化。所以父母不要苦恼于小棉袄的变化，而是要想方设法了解女孩的真实想法，也真正做到尊重女孩的意愿和选择。

在很多家庭里，一旦女孩进入青春期，原本父慈母爱、一片祥和的家庭生活就会变得地动山摇，矛盾和争吵随时都有可能爆发。究其原因，是因为父母不能真正做到尊重女孩。处于青春期的女孩原本就容易情绪波动，时而兴致昂扬，时而情绪低落，时而得意洋洋，时而沮丧失落，时而滔滔不绝，时而三缄其口。父母要了解青春期女孩的情绪状态，也要了解青春期女孩的所思所想所感，这样才能有针对性地引导女孩，帮助女孩。切记，不要再以居高临下的态度对待女孩，而是要真正平等地对待女孩。尤其是当与女孩意见有分歧的时候，切勿强求女孩必须听从父母的意见，而是要询问女孩真实的想法。作为父母，即使并不认可女孩的所有想法，也要给女孩独立作主的权利和自由。

很多父母还为青春期女孩的小秘密而感到担心，一则他们害怕女孩心智不成熟，不能很好地处理问题，二则他们担心女孩能力欠缺，会给自己带来麻烦。俗话说，不经历无以成经验，父母一定要牢记一个道理，即没有人能够代替女孩成长，包括父母在内。所以父母切勿试图一股脑地把自己的人生经验都传授给女孩，而是要给女孩更多的机会去摸爬滚打，亲自体验生活的酸甜苦辣。

具体来说，父母可以参考以下方式教育女孩，这样才能真正做到尊重女孩，也真正地爱护与呵护女孩。

首先，对女孩学会放手。温室里的花朵永远也不能经受风雨的考验，对于女孩而言，也是如此。如果父母总是面面俱到地照顾女孩，提前为女孩安排好一切事情，也事无巨细地盯着女孩，那么女孩就不能做到为自己的成长负责，更无法做到自律。明智的父母会对女孩放手。刚开始时，女孩也许不能做到管理好自己，也不能把事情做得尽善尽美，但是没关系，只要多多练习，女孩就会有所进步。

其次，多多倾听女孩的想法。很多父母已经习惯于以单向沟通的方式对女孩发号施令，对女孩下达指令。而实际上，真正的沟通始于倾听。尤其是在与女孩产生分歧的时候，父母一定要有足够的耐心听一听女孩怎么说。此外，在倾听女孩的过程中，不要对女孩的决定妄加评判，而是要和女孩平等地交流，引导女孩进行自我反省，让女孩意识到自己到底哪里做错了，也积极地改正错误。

再次，给女孩独立做主的机会。很多女孩从小就被父母安排好一切，哪怕进入青春期，也没有机会为自己的事情做主。这是因为父母忽略了女孩正在长大，也忽略了女孩需要独立做主的机会和权利，没有跟上女孩成长的脚步。父母无需担心女孩不能做出明智的决定，因为没有人生而就能面面俱到，与其对女孩亦步亦趋、小心呵护，不如在确定女孩不会犯原则性错误的前提下，给女孩机会尝试着独立思考、独立自主。相信在这样的历练之下，女孩才会更加快速地成长起来。

女孩虽然因着父母来到这个世界上，但是她们并不属于父母，也不依附于父母。每个女孩都是完全独立的，她们只在小时候需要依靠父母的照顾生存，随着不断成长，她们的能力越来越强，就可以照顾自己。当然，女孩要想真正地走向独立，还需要父母积极给予各种机会。也有些父母总是不信任女孩，认为女孩还小，没有能力做好所有的事情。的确如此，女孩能力有限，但是父母的信任却是她们的强大动力。当父母尊重女孩的自主权利，当父母认可女孩的能力，女孩就会竭尽全力做到最好，也会在一次次练习的过程中变得更加出色。在家庭生活中，很多父母习惯了独揽大权。对于很多重要的家庭事务，他们根本不会征求女孩的意见，就全权代替女孩做出了决断。也有些父母征求女孩的意见只是在走形式，而不是真的尊重女孩的意见，更不会采纳女孩的意见。这些对于女孩的成长都是极其不利的。明智的父母会鼓励女孩积极地参与家庭事务，也会在女孩提出可行性建议后积极地采纳。这样，女孩才会意识到自己是家庭的小主人，渐渐地形成家庭责

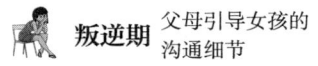

任感。

最后,对于女孩的秘密,父母不要随意打探,而是要尊重女孩的秘密,保护女孩的隐私。进入青春期后,原本对于父母而言毫无秘密的女孩开始有了自己的秘密,不愿意与父母分享。对于这样的情况下,父母一定要学会接受。能够得到女孩的信任固然是好事,但是,女孩不愿意分享她们的秘密,并不意味着她们不信任父母。有些父母想方设法地打探女儿的隐私,甚至趁着女儿离开家的短暂时间偷看女儿的手机、日记本等。即使女儿已经把抽屉上锁了,他们也还是会撬开那把小小的锁。不得不说,这是极其不尊重女孩的表现,很有可能让女孩越来越疏远父母,与父母之间产生无法逾越的鸿沟。为了贴近女儿的心灵,明智的父母会尊重女儿的秘密,有意识地帮助女儿保护其隐私,唯有如此,父母才能得到女儿的信任,女儿也才能获得安全感,心甘情愿地对父母敞开心扉。

放手，给女孩更广阔的人生天地

有谁能替代女孩走完漫长的人生之路，而且保证毫无差错呢？即便作为父母，也无法对女孩做出这样的保证。既然如此，父母就不该不自量力地试图操控女孩的人生。说到这里，很多父母也许都会觉得委屈，因为他们认为自己之所以关心女孩，想要为女孩安排好她们的生活，想要保证女孩将来有好的前途，是出于对女孩的爱。这样的爱与其说是父母的付出，不如说是父母对女孩的束缚。在小时候，女孩接受父母无微不至的照顾，也许会感到很开心，但是随着不断长大，女孩渐渐地从依赖父母到独立于父母，她们就会觉得父母这样的爱令人窒息，也会迫不及待地想要逃离父母的身边。

此外，随着不断成长，女孩的羽翼越来越丰满，她们不再甘心于只看到眼前的方寸之地，而是向往外面的广阔天地。在这种情况下，女孩自然不满足于在父母设定的轨迹上运行，因为她们想要摆脱家庭的引力束缚，走到更远的地方，看到更多美丽的风景。所以父母要理解女孩的心思，也要给予女孩更多的帮助和力量。在世界上诸多类型的亲密关系中，唯独父母与子女的亲密关系是以分离为目的，而其他的亲密关系，诸如朋友之间、爱人之间、伙伴之间等，都是以彼此亲近为目的。既然如此，父母就要早早地看透亲子关系的本质，这样才能更好地爱女孩，也才能更加及时地对女孩放手。

才升入高一，莉莉就和妈妈提出，要在周末自由行动。听到莉莉的请求,妈妈不假思索地就摇头,口中还念念有词:"不行,不行,小女孩独自出门可不安全!"被妈妈一票否决,莉莉感到很无奈,整个周六都闷闷不乐地留在家里。看到莉莉愁眉不展的模样,爸爸关切地问起原因,莉莉忍不住对爸爸诉苦道:"爸爸,我都多大了,妈妈还总是把我关在家里。我可以独自出门了,我们很多同学从初中,甚至从小学就独自出门了。真不知道妈妈要把我关到什么时候,在她心里,我简直就是个傻子。"听了莉莉的抱怨,爸爸对此感同身受,因为妈妈也常常限制爸爸。为此,爸爸决定去给莉莉当说客。

晚饭之后,爸爸假装漫不经心地说道:"莉莉啊莉莉,再有三年,你就上大学了。"莉莉夸张地说:"我要考到离家最远的地方去,一年才回一次家。"妈妈惊讶地瞪着眼睛看着莉莉,莉莉顽皮地吐了吐舌头。爸爸继续说道:"莉莉,你别调皮。你现在可以独自出门了,要多多注意安全,否则将来上了大学,离开了家,缺乏自理能力可不行。"妈妈正要反驳,又仿佛想起了什么,因而陷入沉思。爸爸看到自己说的话有效果,用眼神示意莉莉趁热打铁。莉莉趁机说道:"妈妈,那些被骗的女孩不是因为独自出门,而是因为没有接受过这样的锻炼。您要不趁着现在这段时间锻炼我,将来考上大学被骗了,您可就追悔莫及了。"妈妈沉思着说道:"好吧,我会出一张安全测试卷,如果你通过了测试,就可以独自出门。"这可难不倒莉莉,她已经做好了充分的准备。果不其然,莉莉以满分的成绩通过了妈妈的安全测试,妈妈总算批准莉莉独自出门了。

很多女孩心思单纯,既没有害人之心,也没有防人之心,这使得她们一旦离开家门,就会面临着被骗或者受到伤害的危险。在上述事例中,莉莉说得很有道理,父母太过严密的保护反而使女孩缺乏自我保护能力和独立生活能力，所以明智的父母既会给女孩很多机会练习做家务，也会给女孩一些机会独自面对险恶的社会，从而提升女孩的安全意识和防范意识。

其实，不管是从照顾女孩的角度来讲，还是从保护女孩的角度来讲，父母都要学会对青春期女孩及时放手。所谓一回生，二回熟，青春期女孩也许还不够成熟，也不能做好每一件事情，但是相信只要有机会多多练习，她们就一定会快速地成长起来。从父母的角度来说，父母不管多么爱女孩，都不可能陪伴女孩一辈子，更不可能每时每刻都保护女孩。女孩虽然很娇弱，但是她们却要靠着自己走好未来的人生之路。在女孩小时候，父母可以事无巨细地照顾女孩，但是随着女孩不断成长，父母却要对女孩及时放手，以免因为过度管束激起女孩的逆反心理，也以免因为过于细致的照顾使女孩成为巨婴。

每一个女孩都害怕孤独，她们即使置身于狭小的房间里，也无比渴望外面的世界。她们天生就有翅膀，天生就向往飞翔。正是因为孤寂，青春期女孩才会持续深入地探索自己内心的世界，也会持续深入地进行思考。在此过程中，女孩的自信心得以增强，她们更加迫不及待地想要去往外面的世界，自由自在地翱翔。只有经历这样的过程，女孩才能从依赖父母到渐渐地走向独立，也才能成为自己人生的主宰。

具体来说，父母要做到以下几点，才能引导女孩更好地走向独立。

首先，父母只是女孩人生的引导者，而不是女孩人生的掌控者。青春期从本质上而言是过渡期，女孩结束童年，进入青春期，继而走向成年。在此过程中，女孩不再对父母言听计从，而是开始有主见，形成独立的思想，所以她们极其渴望得到父母的尊重和平等对待。太多的父母抱怨女孩故意与父母对着干，却没想到女孩只是在以这样的方式为自己争取到空间，供自己自由地成长。如果父母能够审时度势，顺应女孩的成长节奏，给予女孩更多的自主权，那么相信女孩也就不会和父母针锋相对了。打比方来讲，父母对女孩放手，就

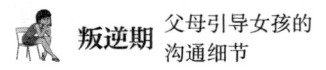

相当于在肥沃的土壤里埋下一粒种子，因为种子只有扎根于土壤才能长成为参天大树。在此期间，父母就是辛勤的园丁，负责悉心照顾这棵幼苗。

其次，父母引导女孩要以身示范，而不要强制要求和命令。每一位父母都要成为循循善诱的引导者，那么就要做到以身作则。在家庭教育中，父母对女孩的影响往往是以润物细无声的方式进行的，这是因为父母的一言一行和一举一动都在潜移默化地影响女孩。所以父母与其对女孩进行说教，还不如更多地以身作则，给女孩树立好榜样呢。例如，父母待人真诚，女孩也会充满热情；父母把家里收拾得井井有条，女孩也会讲卫生爱干净；父母讲究规则，女孩也会主动遵守规则；父母热爱阅读，女孩自然会对阅读感兴趣；父母善于思考，女孩也会注重思考。总而言之，父母每时每刻都在对女孩施以影响，这样的影响会对女孩的成长起到至关重要的作用。

再次，培养女孩的自理能力，让女孩渐渐地走向独立。父母之爱女孩，则为女孩计深远。每个父母在爱女孩的过程中，不要凡事都为女孩代劳，而是要给女孩更多的机会去尝试照顾自己，独立自理。具体来说，对于女孩能自己做的事情，父母就不要代劳，如让女孩自己收拾书包，自己清洗贴身的衣物，自己整理被褥床铺等。这样当女孩有朝一日要独立生活时，她们就不会被这些琐碎的小事难住。此外，还要让女孩自己决定很多事情，如周末去哪里玩，制订作业计划等。

最后，学会示弱，让女孩学会照顾父母。很多父母都感慨女孩一直长不大，却又在某一个瞬间感慨女孩突然之间就长大了。这是为什么呢？是因为平日里父母都在照顾女孩，而不需要女孩的照顾。在某个特殊的时刻里，女孩突然间照顾父母，感受到父母真的老了，女孩就会自觉地长大了。所以明智的父母会选择在合适的时机向女孩示弱，求助于女孩，这样女孩就会尽早地意识到原来父母是需要他们照顾的，原来他们是需要长大的。相信在这样反反复复的过程中，女孩会越来越坚强独立，也会真正成为父母的小棉袄，给予父母更多的爱和关照。

宽容，才能让女孩真心悔过

虽然和男孩相比，大多数女孩明显更加乖巧，不像男孩那么调皮捣蛋，但是其实女孩也会犯错误。这是因为犯错误正是女孩成长的过程，每个女孩都是通过不断的尝试——犯错——改正错误才成长起来的。那么，面对平日里听话懂事的女孩有意或者无意地犯了错，父母又该怎么办呢？是怒气冲天，对女孩非打即骂，还是和风细雨地教育女孩，劝说女孩不要再犯同样的错误呢？其实，这是教育的两个极端，前者过于严厉和苛刻，一不小心就会激发起女孩的逆反心理；而后者则过于和善，掌握不好分寸就会变成纵容。明智的做法是恩威并济，对女孩施以宽容，这样女孩才能真心地反省自己的错误，改正自己的错误。

一直以来，很多父母都坚持传统的教育思想和理念，认为必须严苛地对待女孩，女孩才能成人成才。也有些父母本身就缺乏情绪自控力，他们动辄对女孩喊叫，打骂甚至是惩罚女孩，试图以这样的方式让女孩长记性，不再犯同样的错误。父母不知道的是，这样的教育方式效果堪忧，尤其是对于青春期女孩往往事与愿违。在青春期，女孩特别自尊和敏感，感受也更加细腻。如果受到父母这样的对待，她们就会怀疑父母不爱自己，甚至会因此而疏远父母。当女孩对父母彻底关闭心扉，父母就无法再与女孩沟通，更无法教育女孩。所以父母教育女孩一定要讲究方式方法，而切勿心急。

作为一名初二女生，小华特别讲义气，也很重感情，所以她不但和女生交往密切，和男生也常常打成一片。在很多同学的心目中，小华是当之无愧的女汉子，为此他们还开玩笑地称呼小华为"华仔"呢。

这一天，小华的好朋友和另一位同学吵了起来。小华在一旁目睹整个经过，确信自己的好朋友没有错，错的都是那位同学，为此在推搡之余，她对那位同学大打出手，不但抓伤了那位同学的脸，还使那位同学的胳膊脱臼了。得到消息，老师赶过来处理问题，忍不住狠狠地批评了原本和此事无关的小华。小华被老师批评感到很伤心，她满脸不服气。老师见状，只好通知小华爸爸来到学校。爸爸听老师讲述了整件事情的经过，气得劈头盖脸地数落小华，说："小华，你到底是男孩还是女孩？哦，对了，我看你既不是男孩，也不是女孩，你是猴子，否则怎么这么调皮呢！"办公室里的老师们听到小华爸爸的话，全都忍不住哄然大笑起来，小华的眼泪在眼眶里直打转，她觉得自己简直太丢人了。但是，她也很怨恨爸爸当众让她出糗，所以她再也不搭理爸爸了。

晚上回到家里，妈妈听爸爸讲述了事情的经过，当即批评了爸爸。她对爸爸说："女孩是最爱面子的，你怎么能当着所有老师的面让小华下不来台呢？你这个人啊，就不该让你去学校见老师。"批评了爸爸，妈妈来到小华的房间，对小华说："小华，我知道你是为了好朋友出头，你很讲义气。"小华原本以为妈妈也会数落她，却没想到妈妈反而认可她，她委屈地哭起来。妈妈搂着小华的肩膀，继续说道："不过，你有没有想到，你和好朋友一起打另外一个同学，对对方而言是不公平的，因为你们的实力相差一倍呢！况且，除了打架，还有其他方式可以解决问题，对不对？妈妈希望再遇到类似的情况时，你能冷静地思考，好吗？"小华含着眼泪点点头，真诚地说："妈妈，我知道错了，我保证不再这样冲动了。"

听到小华真心认错，妈妈欣慰地笑了。她说："我相信我的女儿是很优秀的，也很讲道理。这只是一个小小的意外，对不对？"说着，妈妈替小华擦干眼泪。果不其然，小华再也没有犯过这样的错误。

青春期女孩已经懂得很多道理了，她们之所以还会犯错误，是因为有的时候不能控制好情绪，也是因为有的时候会钻牛角尖，误以为自己做的是正确的。所谓不知者无罪，面对没有意识到错误的女孩，父母要引导女孩认真地反思，也告诉女孩什么是错误的、什么是正确的。反之，如果女孩是因为情绪冲动而故意犯错的，那么父母要对女孩更加宽容，还可以向女孩说一说自己曾经做过的糗事，这样就能化解女孩的尴尬。青春期女孩的自尊心很强，她们也很爱面子。父母在对待青春期女孩时要坚持南风效应，让女孩主动反思和悔悟错误，而不要以声色俱厉的批评让女孩感到尴尬和无法面对。

夜色降临，禅师吃了晚饭，在院子里四处溜达着散步。突然，他发现墙角摆放着一把椅子，马上想到一定是有徒弟踩着这把椅子翻墙出去玩了。禅师没有把这件事情告诉其他人，而是悄悄地走到墙边，把椅子搬到之前的地方放好，又回到墙角，蹲在此前放椅子的地方等候着小徒弟归来。果不其然，不久之后，小徒弟轻车熟路地翻墙回来，稳准地踩在禅师的后背上，轻轻一跃在地上站稳。

小徒弟双脚着地之后，惊奇地发现自己刚才居然是踩着禅师的后背下地的，马上惊慌失措地想要解释，却又张目结舌，不知道该说什么。见此情形，禅师和颜悦色地对小徒弟说："深秋夜凉，赶紧回房间吧。对了，翻墙危险，以后还是走门吧。"说完，禅师就离开了，小徒弟却怔怔地站

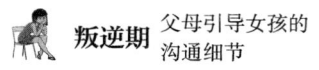

> 在原地。从此之后，小徒弟再也没有翻墙离开寺院，而是带头遵守寺院的规矩。

很多人误以为惩罚更有力量，其实惩罚所有的无非是震慑人心的力量，而和惩罚相比，宽容的力量更大，而且宽容能够震撼人心。古人云，人非圣贤，孰能无过。这句话告诉我们，人人都会犯错误，青春期女孩的心智还不够成熟，犯错误更是在所难免。女孩犯错不是最糟糕的，只要父母能够以正确的方式对待犯错的女孩，就能够引导女孩一天天成长起来。

正如法国作家雨果曾经说过的，人的心灵应该比天空和大海更宽广。作为父母，既要有智慧，也要有胸怀，才能以宽容的力量教育女孩。在女孩犯错之后，父母一定要坚持做到以下几点。

首先，给女孩解释的机会。女孩犯错一定是有原因的，女孩做出任何行为都是有动机的。所以父母了解女孩行为的动机和犯错的原因很重要。有些女孩因为顽皮犯错，有些女孩因为好奇犯错，有些女孩则是好心办坏事。父母要相信女孩也不想把事情搞砸，所以在犯错之后女孩也是需要安慰的。因此父母不要急于批评女孩，而是要询问女孩真实的原因。

其次，根据女孩解释的原因，父母要对女孩进行有针对性的教育。女孩是故意还是无意，是主观还是被动，这都应该成为父母权衡教育方式的重要因素。需要注意的是，父母对女孩的宽容必须有原则，有限度，否则就会纵容女孩继续犯错。

再次，安抚女孩的情绪，让女孩感受到父母的爱。在接受父母严厉的教育后，女孩很有可能会形成错觉，误以为父母一定是因为不爱她们了，所以才会如此严苛地批评她们。父母当然知道自己对女孩的爱从来不会改变，除此之外，还要给予女孩这样的自信。因而，父母在批评女孩之后，一定要适时地安抚女孩的情绪，可以给女孩一个拥抱，或者表达对女孩的信任和期望，这都能帮助女孩及时摆脱负面情绪，恢复良好的情绪。

最后，批评要和善而坚定，也要及时。父母在批评女孩的时候，态度尽管要和善，却也要坚定地表达自己的观念，从而引起女孩足够的重视。此外，尽管女孩脸皮薄，也不要把问题搁置，等到女孩已经忘了自己的错误再批评显然不能起到效果。所以父母要在女孩刚刚犯错的时候就批评女孩，所谓趁热打铁，就是这个道理。

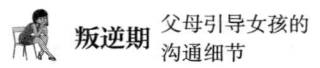
叛逆期 父母引导女孩的沟通细节

平等，营造民主的家庭氛围

在太多的家庭里，父母都是不折不扣的独裁者，他们居高临下地对女孩发号施令，自己却浑然不知。直到女孩开始奋起反抗，父母才后知后觉地质问自己："我是独裁者吗？"其实，作为父母更需要自我反省的精神，这样才能反观自己的行为是否适宜和得当，也才能反观自己的教育理念是否太过迂腐和陈旧。毕竟，在这个世界上，很多岗位都有岗前培训，唯独做父母却没有岗前培训。父母是第一次做父母，女孩也是第一次做女儿，不管是父母还是女孩都需要摸着石头过河，坚持反思和总结，才能做得更好。

当女孩进入青春期，父母会发现女孩不那么听话和乖巧了。这是因为女孩的自我意识越来越强，她们不愿意再完全听从父母的安排，而是希望能够掌控自己的生活。正是因为如此，她们才会顶撞父母，也才会疏远父母。父母必须了解女孩的心理变化，才能主动改变教育女孩的方式，不再以父母的权威压制女孩，也不再强求女孩对父母言听计从。

很多父母以剑拔弩张形容与青春期女孩的关系，认为青春期女孩太难沟通，就像浑身都长满了刺的刺猬一样。其实，这只是因为父母不了解女孩的身心发展特点，也不知道女孩到底需要怎样的支持和帮助。如果父母能够放下身架，真正了解女孩，也能够满足女孩渴望得到平等对待的心理，为女孩营造民主和谐的家庭氛围，那么父母与女孩的相处就会渐入佳境。

第一章

> 正在读高一的慧慧是个特别有主见的女孩，正是因为如此，她与爸爸妈妈的关系才会前所未有地紧张。如果说在初中阶段慧慧还能遵从父母的意见，那么在进入高中之后，慧慧最大的心愿就是考上离家远的大学，这样就能摆脱父母的"魔爪"。
>
> 最近，慧慧和班级里的男生小宇走得比较近。有一天，小宇因为感冒发烧请假了，不知道作业是什么，就打电话给慧慧问作业。听到电话里传来男生的声音，爸爸妈妈全都瞪大了眼睛，难以置信地看着慧慧。慧慧刚刚挂断电话，妈妈就一连声地问："这是谁？你们班同学吗？他为什么给你打电话？"慧慧白了妈妈一眼，嘟囔着"无聊"，就回到自己房间关上了门，只剩下爸爸妈妈留在客厅大眼瞪小眼，一头雾水。接下来的几天，爸爸妈妈都如临大敌，恨不得通过各种渠道打探消息。结果，老师证实了慧慧只是告诉同学作业，爸爸妈妈这才松了一口气。不过，也因为爸爸妈妈胡乱打听，全班同学都以此为笑料，搞得慧慧尴尬极了。

当父母就像盯贼一样盯着女孩，女孩面对父母怎么会觉得舒服自在呢？她只会觉得如芒在背。如果父母发自内心地尊重慧慧，能够做到平等地对待慧慧，那么他们就不会揣度慧慧，而是会信任慧慧能够把握好与男生交往的分寸，也能够处理好很多问题。此外，父母还会换一个角度，想到慧慧乐于助人，大方表扬慧慧呢。

当然，想营造民主和谐的家庭氛围并不容易，因为这首先要求父母要成为女孩的朋友，也要像对待自己的朋友一样对待女孩。所以父母先要调整好心态，能够真正地放弃对待女孩的优越感，才能赢得女孩的尊重和信任。这意味着父母要给女孩自主权，也要告别独裁的家庭制度，还要在每件事情上都尊重女孩，信任女孩，平等对待女孩。对于父母而言，这无疑是一场彻底的改革。

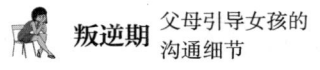

具体来说,父母要做到以下几点。

首先,让女孩自主决定自己的事情。太多的父母都习惯于对女孩指手画脚,还以为了女孩好为名义,时时处处都试图限制女孩,控制女孩。对于青春期女孩而言,只有在父母身边也能享受自主的权利,她们才会亲近父母,否则她们只想逃离。

其次,不要把自己的观点强加给女孩。女孩是独立的,有权力做出自己的选择和决定,哪怕她们要为此付出一定的代价,父母也不能强求女孩接纳父母的意见。遗憾的是,太多的父母都习惯了对女孩发号施令,也习惯了以爱为名义压迫女孩。父母必须给女孩充分的空间进行深入的思考,也引导女孩或者放任女孩权衡利弊,做出决定,女孩才会感到安全自在,而不会觉得自己被父母胁迫。当父母真正转变了教育的观念,改变了亲子相处的模式,女孩反而愿意接受父母的真诚建议,也愿意把父母当成自己真心的朋友。

最后,父母还要学会幽默地和女孩沟通。在很多家庭里,父母总是板起面孔,对女孩颐指气使,这使女孩倍感压力。作为父母,未必声调高或者语气严肃就能提升自己作为父母的权威,事实证明这么做反而有可能使女孩更加叛逆呢。所以父母要幽默地和女孩沟通,这样女孩才会愿意对父母敞开心扉,愉快地交流。

接纳，无条件地接纳女孩本来的样子

父母爱女孩，就要无条件地接纳女孩本来的样子。遗憾的是，太多的父母都对女孩怀有功利心，或者把自己的爱和现实功利联系起来，以此激励女孩表现得更好，来符合父母的预期。例如，有些父母希望女孩在学习上有更好的表现，只有在女孩取得好成绩的时候，才会抽出时间陪伴女孩或者给女孩买想要的礼物。长此以往，女孩就会渐渐地觉得父母并不是真的爱她们，而只是爱优秀的她们。这使得她们感到担忧，生怕自己的表现如果不能让父母满意，父母就会不再爱她们。这样的女孩是缺乏安全感的，她们时刻担心自己会失去父母的爱。

在教养女孩的过程中，太多的父母都千篇一律，他们会明确地为女孩指出错误或者不足，也会告诉女孩必须做到怎样的程度，才能得到更好的对待和关爱。一代又一代，当父母带着功利心爱女孩，女孩在长大成人之后也会这样去对待她们的孩子。那么，有没有什么东西是能让女孩发自内心变得更好的呢？其实，这样的动力既非来自金钱和物质，也非来自惩罚或者奖励，而是来自爱。

第一种父母对女孩说："你要好好学习哦，我们才会爱你。如果你对待学习漫不经心，我们辛苦地工作供养你读书，你却总是考倒数第一名，那么我们宁愿没有你这个女儿。"

第二种父母对女孩说："爸爸妈妈很爱你，不管你学习成绩是好还是坏，我们都一如既往地爱你。你一定要把在学习上遇到的困难告诉我们，我们会和你一起面对，一起想办法解决。"

试问，如果你是女孩，你想要第一种父母，还是想要第二种父母。听到第一种父母的话，女孩因为害怕失去而努力，动力有限。听到第二种父母的话，女孩感受到父母坚定不移的爱，也会爱父母，更会为了爱而努力。这样的动力是源源不断的，也是非常强劲的。

心理学家经过研究发现，女孩只有当发自内心地热爱生活，期待美好的未来，并且想要靠着自己的努力让父母也过上更加幸福美好的生活时，她们的内心深处才会有源源不断的动力。而要想让女孩有这样的改变，就要爱女孩，并且让女孩感受到父母的爱。这远远比夺去女孩的爱更加有效。

每次考试之后，若男都忐忑不安。这是因为爸爸妈妈特别看重她的成绩，几乎每时每刻都在期盼着她能考取第一名。这天，考试成绩出来了，若男只考取了班级第十六名。她拿着成绩单，蔫头耷脑地回到家里。她刚刚打开家门，妈妈就迫不及待地问道："若男，第几名，第几名？"若男无精打采地看了妈妈一眼，一语不发地把成绩单递给妈妈，她知道紧接着就是一场疾风骤雨。果不其然，妈妈看到成绩单之后，当即提高了音量，质问若男："若男啊若男，你每天和别人一样去学校，一样在上课，放学了也一样在写作业，为何一到考试就考不过别人呢？我和爸爸这么辛苦地工作，就是为了让你出人头地，你的成绩总是这么尴尬，我们还有什么动力这么辛苦地打拼啊！"

若男的耳朵都被这些话磨出老茧了。她一声不吭，任由妈妈数落，妈妈越说越生气，居然对若男动起手来，拉着若男的胳膊不停地拖拽。若男实在忍无可忍，说道："对不起，我不该生到这个世界上。要不，你们就

> 把我丢掉吧，这样你们就可以再生一个小孩，给你们争光了。"妈妈被若男的话惊到了，满脸不可置信地看着若男，这才意识到问题的严重性。若男泪如雨下，伤心欲绝，把自己关在房间里，连晚饭都不愿意吃。爸爸得知若男说的话，提醒妈妈不要再把若男当成学习的机器，毕竟女孩身心健康才是最重要的。从此之后，爸爸妈妈再也不只盯着若男的成绩了，更没有说过若男给他们丢脸之类的话。一段时间之后，若男终于又有了笑容。

太多的父母都把女孩当成学习的机器，而没有想到女孩是有血有肉的，也有自己的思想和灵魂。进入青春期之后，父母如果再肆无忌惮地挖苦讽刺和打击女孩，那么女孩长久以来压抑的情绪就会爆发出来，甚至与父母彻底反目成仇。

每一位父母都要无条件接纳女孩，这并不意味着父母要接纳女孩所有的行为。女孩当然会犯错，父母也依然要为女孩指出错误，但不要因为任何事情改变对女孩的爱。此外，父母也不要以喜欢女孩、爱女孩来要挟女孩，否则只会事与愿违。真正的接纳，是不管女孩做了什么，也不管女孩能否让父母满意，父母都会一如既往地爱女孩。

对于青春期女孩而言，她们的独立意识越来越强，叛逆心理也会增强。所以当父母还要挟女孩，以爱女孩为条件逼迫女孩妥协，贬低女孩的自我价值，那么女孩很有可能会放弃父母的爱，从而让自己获得真正的自由。

父母要学会把女孩本身与女孩的行为区分开来，要知道女孩只是某些行为不对，而并非女孩本质不好。父母要以协商的方式和女孩达成共识，这样女孩才会心甘情愿地改正错误，而不会故意与父母针锋相对。在此过程中，父母还要肯定女孩的动机，认可女孩的努力和付出，这样才能有效地安抚女孩，也让女孩切实地感受到父母的爱。

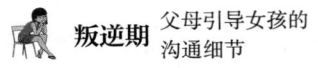

总而言之，青春期的女孩需要安全感，也需要幸福感，这一切都只有父母能够给予女孩。所以父母要想让女孩变得越来越好，自己首先要变得更好，这样才能给女孩更多的关注和更好的照顾，也才能给予女孩想要的心理支撑和情感支持。

第二章

搭建亲子沟通桥梁,让女孩敞开心扉真诚面对父母

面对青春期女孩,很多父母都感到困惑不已,他们不明白原本温柔可爱的女孩为何变成了带刺的玫瑰,甚至是浑身长满了刺的小刺猬;他们不知道如何与女孩沟通,才能把话说到女孩的心里去,才能让女孩愿意采纳他们合理的建议。他们虽然一心想要和女孩成为亲密无间的朋友,走入女孩的内心,却从来没有找到门道。其实,只有搭建亲子沟通的桥梁,与女孩之间建立顺畅的沟通渠道,女孩才会愿意敞开心扉,真诚地面对父母。

不唠叨，还给女孩清净的世界

每个父母都对女孩怀有殷切的期望，他们不但望子成龙，也望女成凤。为此，他们喋喋不休地劝说女孩采纳他们的建议，参考他们的人生经验，也恨不得代替女孩做出各种各样的决定。殊不知，没有人能够代替女孩成长，每个女孩归根结底要靠自己才能创造属于自己的精彩人生。因此，父母切勿因为对女孩怀有殷切的期望，就对女孩唠唠叨叨、说教不休，更不要因为女孩犯了一些错误，就对女孩爱之深责之切。

心理学领域有一个名词，叫作超限效应。超限效应告诉我们，任何事情一旦超出了合理的限度，就会起到物极必反的效果。作为父母，对于女孩的爱应该要有限度，对于女孩的叮咛更是应该有限度。只有给女孩一个清净的成长环境，女孩才能更加注重自己的心灵世界，也才能在安心的状态下憧憬未来。

> 整个暑假，妈妈发现原本乐观开朗的刘薇变得越来越沉默寡言，几乎每天都把自己关在房间里，足不出户，就连吃饭的时候也是低着头，匆匆忙忙填饱肚子，就又回到房间里"闭关"。原本，刘薇不管有什么事情都愿意告诉妈妈，还会和妈妈说出自己的小心思，但是现在她对妈妈没有话说，这让妈妈特别担心。妈妈怀疑刘薇可能患上了心理疾病，因而决定带着刘薇求助于心理医生。
>
> 来到心理医生的门诊，心理医生才询问了一句话："小朋友，你有哪

> 里觉得不舒服？"不等刘薇回答，妈妈就开始喋喋不休地数落刘薇。妈妈足足说了十分钟，还没有停下来的意思，心理医生听着妈妈翻来覆去地说着几件事情，忍不住皱起眉头。他索性打断妈妈的话，对妈妈说："这位妈妈，请你先去外面等候，我需要和小朋友单独沟通。"看到妈妈离开诊室，刘薇明显地放松下来。经过一番攀谈，心理医生发现刘薇没有任何心理疾病，她只是很厌烦妈妈的唠叨，所以不愿意和妈妈沟通而已。

很多父母都喜欢对女孩唠叨不休，美其名曰是爱的唠叨，却忽略了女孩的感受。大多数情况下，父母的唠叨都是毫无意义的重复，而且在唠叨的过程中，父母根本不在乎女孩是否做出反馈，只是在一厢情愿地单向输出。不得不说，这样的沟通效率低下，并没有对女孩起到传达信息的作用，因为女孩已经屏蔽掉了这些信息。有些女孩也产生了逆反心理，非但不愿意采纳父母的建议，反而因为超限效应的作用而选择故意和父母对着干，这当然会让父母不满意，也会加剧父母的唠叨。有些女孩对父母的唠叨实在无法继续忍受下去，就会和父母争辩起来，引发亲子冲突和矛盾。由此可见，父母一定要意识到唠叨对女孩产生的负面作用，从而主动地改掉唠叨的坏习惯，寻求更加积极有效的方式与女孩沟通。

父母要想改掉唠叨的坏习惯，还要了解青春期女孩的特殊心理。在小时候，对于父母的唠叨，女孩并不会那么反感和抗拒，反而会很听父母的话，这是因为女孩小时候缺乏自我意识，需要依靠父母的照顾才能更好地生存下去。但是在进入青春期之后，女孩的心理则完全改变了。在青春期，女孩的自我意识不断增强，她们渴望着能够早早独立，在这种情况下，如果父母还是牢牢抓住女孩不愿意放手，又事无巨细地关心和唠叨女孩，则女孩很容易产生逆反心理。父母要了解女孩在青春期特有的心理状态，也要给予女孩更多的自由空间。唯有如此，父母才能把家打造成女孩的避风港，让女孩在遇到困难的时候主动向父母求助。否则，女孩就会因为不堪忍受父母的唠叨，而经常与父母争吵，也会为了逃避父母的唠叨而离家出走。这样的局面，显然是父母不愿意看到的，那么父母就要及时地觉察女孩的心态变化，也要给予女孩更多的尊重和自由。

具体来说，父母要做到更好地与青春期女孩沟通，建立良好的亲子关系，就要做到以下几点。

首先，父母要多多倾听女孩的想法，给女孩更多的机会表达心声。太多的父母都习惯了单向输出，即只会喋喋不休地对女孩说，而很少会耐心地听女孩说。在良好的亲子沟通中，父母始终坚持少说多听的原则。尤其是在女孩犯错的时候，父母更是要亲耳听到女孩说出真相，而切勿劈头盖脸地数落女孩，否则只会与女孩不欢而散。

其次，父母要发自内心地尊重和信任女孩，任何时候都平等地对待女孩。在青春期，女孩生活的圈子不再仅仅局限于家庭，而是会结交更多的朋友，也随之需要自己的私密空间。在这种情况下，父母不要再把女孩当成小女孩，对女孩全面照顾，过度关注。明智的父母会适当地抽离出女孩的生活，给女孩更多的自由和同龄人相处，也会在面临选择的时候，把选择的权力交给女孩。父母唯有真正平等地对待女孩，不再过多地干涉女孩的生活，不再对女孩总是唠叨不休，才能为女孩营造充满爱和自由的成长环境，女孩也才会快乐幸福地成长起来。

女孩也是很爱面子的

俗话说，人前教子，人后训妻。意思是说，教育孩子可以当着他人的面，让孩子长记性，但是训斥妻子一定不能有他人在场，顾及妻子的面子。这句话放在当下并不合适，因为很小的女孩就会爱面子，更何况是青春期女孩呢！青春期女孩特别敏感，作为父母，不管女孩犯了什么错误，切勿当着他人的面训斥女孩，以免损害了女孩的自尊心，使女孩变得自卑，甚至破罐子破摔。父母只有维护女孩的尊严，女孩才会自尊自爱。

然而，偏偏很多家长在教育女孩方面都进入了误区。他们觉得只有在大庭广众之下教育女孩，女孩才会深刻反省自己的错误，也才会积极地改正。例如，每当召开家长会，总有家长会当着其他女孩、其他家长，甚至是老师的面，揭自己女儿的短处，爆自己女儿的黑料。他们尤其擅长当着老师的面批评女孩，试图给老师留下好印象，却没想到这么做会严重伤害女孩的自尊心。明智的父母除非必要，绝不在公开场合教训女孩。即使必须当即教训女孩，他们也会带着女孩去到人少的地方，低声地提醒女孩需要注意哪些事项。尊重总是相互的，相信女孩一定会感受到父母的尊重，也会积极地反省自己的行为，主动改正自己的错误。

> 周末，妈妈带着丝丝去同事家里做客。原本，丝丝不想和妈妈一起去做客，但是妈妈说同事的女儿然然和丝丝同岁，很期盼着和丝丝成为好朋

友呢。丝丝是独生女，平日里很寂寞，因而当即心动了。然而，才来到然然家里，丝丝就后悔了。这是因为妈妈看到然然的房间墙壁上张贴着整面墙的奖状，当即开始数落丝丝。妈妈喋喋不休地抱怨丝丝不够聪明，还不够勤奋，因而是笨鸟后飞，甚至笨鸟不飞，妈妈还让丝丝向然然学习，说得丝丝面红耳赤，恨不得当即找个地洞钻进去。

丝丝原本还想和然然多玩一会儿，看到妈妈滔滔不绝的模样，丝丝当即告辞道："阿姨，我突然想起来我还约了同学，我就先走了。"妈妈看到丝丝逃之夭夭，愤怒不已。丝丝呢，在回家的路上一直都在发誓以后再也不和妈妈一起串门、走亲戚或者去别家作客了。

当看到别人家的女孩那么优秀，父母的心中难免会羡慕，也会感到焦虑。尤其是在这个教育焦虑的时代里，绝大多数父母都不够淡定，一旦提起女孩的学习和成长，就会急迫。其实，每朵花都有自己的花期，每个女孩也有自己绽放的时节。作为父母，应该成为最辛勤和最有耐心的园丁，给女孩浇水施肥，等待女孩抽枝散叶。

也许父母之所以当众批评女孩，表达对女孩的不满和期望，把女孩与其他女孩比较，只是为了一个目的，即让女孩知耻而后勇。然而，做到这一点并不容易，女孩必须有强大的内心和坚韧不拔的毅力，才能在艰难的境遇中继续保持努力。换一个角度来说，在这个世界上，每个人都是独立的生命个体，都有自己的特长和优势，而不可能在所有方面都做到最优秀。这就注定了每个女孩都面临着竞争，都会遇到形形色色的竞争对手，而女孩所有的竞争对手都有一个名字——别人家的女孩。太多的父母这山望着那山高，总觉得自己家的女孩比不过别人家的女孩，总觉得别人家的女孩才是最优秀的。其实，父母只要设身处地地为女孩着想，就会发现这样的比较是极其不合理的。每个女孩的天赋、成长环境、学习经历等都是不同的，不恰当的比较会给女孩带来巨大的心理压力，使女孩否定自己，贬低自己，甚至自暴自弃，破罐子破摔。为了帮助女孩调整好心态，父母不妨设想自己在单位里被领导当着所有同事的面批评，又会有怎样的感受呢？当想明白这个道理，父母就会给女孩留面子，维护女孩的尊严。

明智的父母从不当众教育女孩，更不会当众批评女孩。当父母以合适的方式批评女孩的错误，女孩就会看重自己的名誉，也会用心地维护他人对他们的评价。反之，父母一旦当着外人的面损害女孩的尊严，女孩就会看轻自己的名誉，也就会对自己的未来和前途感到心灰意冷。

具体来说，在女孩犯错之后，父母批评女孩必须做到以下几点。首先，不要当众指责女孩的错误，更不要当众批评女孩，尤其是要注重保护女孩的隐私，保护女孩的自尊心和自信心。其次，如果必须当即就提醒女孩犯了错误，那么可以不以口头语言的方式和女孩交流，而是以肢体语言的方式暗示女孩。再次，在公开场所中，也有比较僻静的地方，那么可以带着女孩去僻静的地方进行简单沟通，为女孩指出错误，最重要的是告诉女孩怎么做才会更好。唯有如此，女孩才会感受到父母的尊重，也会更加愿意采纳父母的建议。

不要让女孩感到失望

很多父母因为各种原因会对女孩做出承诺，又会因为各种原因而对女孩食言。长此以往，女孩会对父母感到失望，即便父母再对她们做出什么承诺，她们也会产生怀疑，甚至不愿意相信父母。彼此信任是良好人际关系的基础，如果女孩对父母缺乏信任，那么她们就会渐渐地疏远父母，更不愿意和父母坦诚相对。对于父母而言，不管有多么好的教育理念和教育方式，都要以得到女孩的信任为前提，才能践行在女孩身上。所以每个父母的当务之急就是和女孩之间建立彼此信任的亲子关系，这样才能让亲子教育顺利展开。

看到这里，也许有很多父母都会感到委屈，他们自认为是一心一意爱女孩的，却不知道自己为何付出了很多，也一直在努力，却不能得到女孩的认可和信任。究其原因，大多数父母都太过粗枝大叶，他们误以为只要照顾好女孩的衣食住行，满足女孩的生存需求，就已经是合格的父母，也尽到了做父母的责任和义务。其实不然。在漫长的成长过程中，女孩还有很多精神和情感方面的需求要得到满足呢！所以父母关心和爱护女孩必须做到面面俱到，这样才能全方位地呵护女孩。换而言之，父母既要把握好与女孩相处的大方向，也要关注和女孩相处的细节，才能面面俱到地满足女孩的需求，与女孩之间建立相互信任的关系。

还有半个月就要期中考试了，看着欢欢一点儿也不着急的样子，妈妈简直急得七窍生烟。周三晚上，欢欢居然提出要看一集电视剧，妈妈把头摇得和拨浪鼓一样，对欢欢说："欢欢，你只要在期中考试进入前十名，我就奖励你一部手机。"妈妈知道欢欢很早之前就想要一部手机了，原本以为欢欢会欢呼雀跃，却没想到欢欢不以为然地说："妈妈，考入前十名是有可能的，但是奖励手机是绝无可能的。"妈妈惊讶地反问道："你怎么知道？"欢欢则气定神闲地说："我怎么知道？一个人不会在同一个地方摔倒两次，但是我长了这十二年，都被你骗过多少次了，你以为我会傻到继续相信你的话？"妈妈更加丈二和尚摸不着头脑，说道："你这个女孩，我什么时候骗你了。我告诉你，就算全世界的人都骗你，我是你的妈妈，我绝对不会骗你。"欢欢提醒妈妈："是啊，按照你以前的说法，搬新家的时候还要买游戏机呢！结果，新家都入住三年了，游戏机呢？"妈妈被欢欢问得哑口无言，讪讪地说："我不是怕影响你学习么！"欢欢笑起来："你每次都这么说，手机也影响我的学习，所以你允诺的还是空头支票。"

在欢欢的声讨下，妈妈的脸红一阵子白一阵子。看到妈妈下不来台，欢欢这才狡黠地说："不过呢，学习是我自己的事情，就算没有奖励，我也要好好学习。当然，我也不介意在我考到前十名之后，你拿着真正的手机来奖励我。"为了赢得欢欢的信任，妈妈暗暗下定决心：只要欢欢进入前十名，就一定要兑现承诺。

房子推倒了可以重建，但是信任的大厦一旦崩塌，想要重建可就难了。很多父母总是随口给女孩承诺，但是等到真正兑现承诺的时候，却又找各种各样的借口作为推脱的理由。不可否认的是，很多父母的确遇到了不可抗因素，如因为临时出差没法带女孩去游乐场，或者没法参加女孩的校园活动等。然而，其中也有很多父母在做出承诺的时候只是随口允诺女孩，压根没有真正想兑现承诺。长此以往，女孩必然会对父母感到失望，曾经为了完成答应父母的事情而全力以赴的女孩，也会如同泄了气的皮球一样。难道父母真的没有能力兑现承诺吗？既然如此，就不该随口允诺女孩。而如果明明有能力，却不愿意兑现对女孩的承诺，那么父母就要承担食言的后果。

父母是女孩的第一任老师，女孩把父母的言行举止都看眼里，记在心里，而且她们每时每刻都在模仿和学习父母的言行。如果父母言而无信，那么女孩也往往缺乏诚信。反之，只有父母言必出、行必果，女孩才会拥有诚信的美德。从这个意义上来说，父母要经过深思熟虑再对女孩做出承诺，也要排除万难兑现对女孩的承诺。

具体而言，父母在与女孩相处的过程中必须做到以下几点，才能赢得女孩的信任，与女孩建立良好的亲子关系。

首先，不要以随便说说为由拒绝兑现承诺。所谓一诺千金，就意味着诺言总是非常重的，也告诫父母不要随随便便做出承诺。

其次，一定要及时兑现承诺。有些父母在对女孩做出承诺后就开始拖延时间，随着拖延的时间越来越长，也就把对女孩的承诺彻底抛之脑后了。这当然是不可取的，因为父母不该以任何理由对女孩食言。

最后，邀请女孩担任起监督者的角色，督促父母尽快兑现承诺。有些父母在说出承诺又拒绝兑现诺言后，一旦女孩提起他们曾经的承诺，他们马上就会批评女孩，甚至训斥女孩，误以为以这样压制的方式就能使女孩放弃。其实，这只会让女孩降低对父母的信任度，当女孩对父母的承诺绝口不提的时候，也就意味着女孩对父母彻底失望了。所以面对女孩的提醒，父母要当即对女孩做出回应，这样才是正确的做法。

很多父母都会以承诺的方式激励女孩努力上进，这原本是很好的教育方

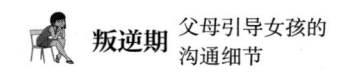

式，但是却会因为父母食言而起到相反的效果。所以父母要时刻牢记，不要对女孩做出无法兑现的承诺，在承诺女孩任何事情之前都要经过深入的思考。尤其是女孩心思细腻，比起粗枝大叶的男孩，她们会更加用心地记住父母的承诺，所以父母要兑现对女孩的每一个承诺。

保护女孩的自尊

从新生儿呱呱坠地开始的很长一段时间里,父母对于自己家的女孩总是越看越喜欢,这是因为小小的婴儿、可爱的幼儿,都是父母的开心果。尤其是那些生了女儿的父母,往往会把女儿打扮得花枝招展,不管走到哪里都能吸引来众人羡慕的目光,所以他们就更是骄傲自豪。但是,随着女孩一天天长大,父母的苦恼也随之而来。在进入小学阶段之后,学习成为整个家庭的重中之重,父母往往特别关注女孩的学习。一旦女孩在学习方面的表现不能让父母感到满意,父母就会对女孩感到失望,也有些急功近利的父母还会挖苦讽刺女孩。不得不说,这样的教育方式实在糟糕透顶。

进入青春期,每一个女孩都梦想着自己是公主,也希望自己具备优秀的品质和杰出的能力。然而,很多事情并非凭着主观意愿就能完全实现,女孩对自己的美好愿望往往也会落空。进入小学高年级,尤其是进入初高中学习阶段后,原本在小学中低年级阶段表现突出的女孩就会产生巨大的心理落差,因为她们发现自己并非班级里最优秀的学生,也不再是老师的心头宠儿。这是为什么呢?因为在小学中低年级阶段,女孩的心智发育程度比男孩高,所以男孩各个方面的表现都比女孩落后。但是在进入小学高年级阶段和初高中阶段后,男孩的心智发育越来越成熟,不但缩减了与女孩之间的差距,甚至反超女孩。这使得女孩长久以来的优势消失了,为此不但父母会对女孩感到失望,女孩也会对此百思不得其解。当看到女孩的学习成绩一团糟的时候,望女成凤的父母就

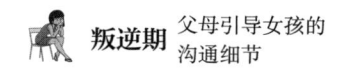

会迫不及待地激励女孩,甚至挖苦女孩。然而,这只会让女孩的自尊心碎落一地,而无法当即改变女孩学习的现状。有些女孩还会因为被父母彻底否定而放弃学习,那么父母就不得不面对事与愿违的尴尬境况。

> 中考即将到来,斯诺的体育成绩却还是很糟糕。在中考的各项考试中,体育占40分,这可是很大的分值,将会影响女孩去哪一所高中继续读书。为此,爸爸很为斯诺的体育成绩而发愁。
>
> 这天,体育进行分项模拟考。斯诺的体育成绩还是很糟糕,满分40分,她却只考了20分。爸爸再也忍不住,对着斯诺怒吼道:"斯诺,体育就这么难吗?你就是懒惰。你要是每天勤学苦练,体育成绩总能提高。你想想,你其他科目要多考20分,才能弥补体育的亏空。但是,如果你体育满分,其他科目再多考20分,那么你轻轻松松就能进入重点高中。"在爸爸劈头盖脸的数落下,斯诺只是无奈地苦笑着,她也不知道应该怎么办才好。
>
> 这天早晨,爸爸早早起床陪着斯诺晨跑。才跑了一会儿,斯诺就被爸爸远远地甩在后面了。爸爸不耐烦地站在路边等着斯诺,等到斯诺好不容易追赶上来,爸爸阴阳怪气地说:"斯诺啊斯诺,我看你可以当选蜗牛奖了。"斯诺被爸爸说得哭起来,冲着爸爸喊道:"以后,我不和你一起跑步了,你除了会冷嘲热讽还会什么。还有,我也不想上重点高中,我考到哪一所高中就上哪一所高中,不劳你费心。"从此之后,斯诺果然不再坚持晨练。可想而知,斯诺的体育成绩更糟糕了,爸爸很后悔曾经挖苦斯诺。

对于青春期女孩,父母可以扮演很多种角色,却唯独不要扮演伤害女孩自尊的人。不可否认的是,女孩在青春期一定会做出很多错误的行为,或者出现纰漏。遇到这种情况，父母要知道女孩并非故意给父母惹麻烦，因而父母的当务之急是和女孩齐心协力地解决问题，而不是对女孩冷嘲热讽、挖苦讽刺。尤其需要注意的是，父母切勿给女孩贴上负面标签，否则就会影响女孩的自我认知，使得女孩贬低自我。

曾经有一位心理学家进行过相关的实验，发现那些在老师的期待中长大的女孩，原本平平无奇，最终却取得了优异的成绩。为此，人们把这样的现象称为"教师期望效应"。其实，不仅学校里有"教师期待效应"，家庭里也有"父母期待效应"。俗话说，好女孩都是夸出来的，正是这个道理。

女孩处于青春期，人格正在发展，急需建立自我同一性。直白地说，就是女孩寻找自身与他人之间的不同，从而更加深入全面地认识自我，也渐渐地明确自己更适合什么类型的社会角色。在此过程中，如果父母总是批评打击或者贬低女孩，那么女孩的自我认知就会出问题，她们会给予自己负面评价，也会变得越来越胆小怯懦，甚至还会放弃努力。

为了避免这种情况出现，父母要做到以下几点，才能让女孩变得更加自信。

首先，当女孩犯错或者做得不好的时候，父母要对女孩多多宽容。必要的时候，还可以和女孩一起分析原因，总结经验，然后探求新的方法解决问题。总而言之，与其喋喋不休地责骂或者批评女孩，何不和颜悦色地与女孩沟通，引领着女孩一起解决问题呢？

其次，发现女孩的闪光点。太多的父母都特别善于发现其他女孩的闪光点，而对于自己的女孩，他们却选择性视若无睹、听若未闻。这都是因为父母对自己的孩子更严格，没有看到自己的女孩身上的闪光点，也就不可能给予女孩赞美和表扬。所以与其数子一过，不如奖子一长。对待女孩，父母也应该如此。

爱不是强迫，也不是捆绑

很多父母以爱为名，把自己的梦想和希望都强加在女孩身上，还美其名曰为了女孩好。这样的做法往往会激发起女孩的逆反心理，使女孩想方设法地与父母针锋相对，也会故意违背父母的意愿。那么，青春期女孩的叛逆心理究竟会达到何种程度呢？例如，女孩明明很愿意做一件事情，但是当父母亲口说出希望她做这件事情的时候，她却选择与父母背道而驰。看到女孩的行为表现，父母也许会生气地指责女孩是自己的冤家对头，却很少会想女孩为何这么做。

从内心深处来说，每一位女孩都希望得到父母的关心和爱护。但是，父母的关心和爱护应该是使她们感到舒适自在的，而不会使她们感到被压迫。换而言之，当父母的爱变成了强迫和捆绑，女孩就会从享受爱到逃离爱。所以父母一定要把握好爱女孩的限度，哪怕爱女孩，也要给予女孩自由成长的空间。

除了以爱为名强迫女孩接受自己的好意之外，还有很多父母会以爱来捆绑女孩。他们把对女孩的付出挂在嘴边，每时每刻都在提醒女孩接受了父母多少恩泽。其实，养育女孩是父母的义务，也是父母的本职工作。父母固然要培养女孩的感恩之心，却不要让女孩对父母产生亏欠感。否则，女孩就会感到压抑，也会迫不及待想要逃离父母的身边。毋庸置疑的是，父母的确是世界上最爱女孩的人，他们一心一意为了女孩好，却也在不知不觉间控制女孩，而从未把女孩看作是独立的生命个体。太多的父母动辄告诉女孩"我都是为了你好"，仅仅是这样一句话就足以压垮女孩。而实际上，父母未必纯粹是为了女孩好，而是有可能存在私心，虽然大部分父母都不承认私心的存在。

> 这天晚上回到家里，佳佳和妈妈大吵了一架。原来，妈妈发现佳佳最近有些神秘兮兮的，因而怀疑佳佳早恋了。但是，妈妈没有办法查证这件事情，她知道要维护佳佳的面子，不能去询问佳佳的同学。为此，妈妈决定铤而走险，撬开佳佳带锁的日记，走入佳佳内心不为人知的世界。事实证明，刚刚升入初一的佳佳只是因为学习压力比较大，所以常常会情绪低沉罢了。然而，回到家里看到日记本上的锁被撬坏了，佳佳当即勃然大怒，接连好几天都不愿意和妈妈说话。
>
> 妈妈看到佳佳的反应感到特别委屈，她语重心长地对佳佳说："佳佳，妈妈都是为了你好，都是为了关心你。你看看，自从升入初中，你也不喜欢和我聊天了，有事情总是隐瞒我，这让我感到很难受。但是，我看到你闷闷不乐特别担心。你知道的，如果青春期早恋，一定是会影响学习的。所以妈妈希望了解你在想什么……"不等妈妈说完，佳佳就粗暴地打断了妈妈的话，质问道："所以，你觉得你偷看我的日记是理所当然的，对不对？既然你这么想，我没什么好说的。"说着，佳佳回到房间里关上门。后来，佳佳索性在上学出门的时候把卧室的门也锁上，还把钥匙随身带着。她告诉妈妈："如果你胆敢闯进我的卧室，我就离家出走，去远离你的地方生活。"看着歇斯底里的佳佳，妈妈感到特别陌生。直到一个偶然的机会，妈妈听到心理专家的讲座，才意识到自己偷看佳佳的日记大错特错。她赶紧向佳佳道歉，佳佳这才原谅了妈妈。

对青春期女孩而言，"我都是为了你好"无疑是父母的一句谎言。因为她们需要的不是父母的监视，更不是父母的不尊重。青春期女孩最迫切需要的就是父母的尊重，她们渴望有自由的空间去成长。父母如果真的很爱女孩，就要尊重女孩的需求，满足女孩的需求，也让女孩成长为她自己。

在陪伴青春期女孩成长的过程中，父母要做到以下几点。

首先，父母要完全接纳女孩本来的样子，也要学会设身处地为女孩着想。太多父母压根不了解女孩，也就无法与女孩产生共鸣或者共情，这使得女孩在与父母相处的时候感到特别痛苦。毕竟每个人都希望得到他人的理解和支持，处于矛盾心态中的青春期女孩更是如此。

其次，作为父母，切勿把自己没有完成的理想或者志向强加给女孩。例如，妈妈曾经想成为一名医生，却阴差阳错地成为了老师，那么不要强求女孩必须立志当医生。再如，爸爸曾经想成为一名军人，却因为近视眼而不够资格当兵，那么不要强求女孩必须穿上军装。俗话说，人各有志，女孩作为完全独立的人一定有自己的想法，也有自己的梦想，作为父母需要做的就是大力支持女孩。

最后，不要质问女孩。当女孩犯错误，或者表现得让父母无法理解的时候，父母不要质问女孩，而是要耐心地询问女孩。在倾听女孩的过程中必须保持足够的耐心，也要积极地给予女孩回应，这样才是以引导的方式与女孩进行的深入沟通。在此过程中，父母如果能够对女孩的行为举止表示理解，那么女孩渐渐地就会对父母敞开心扉，诉说自己内心真实的想法。唯有在此基础上，父母与女孩的关系才会更加亲密，沟通也才会畅通无阻。

学会敲门,给女孩独立空间

很多妈妈都还记得女儿来到妈妈的卧室里,央求着要和妈妈一起睡觉的情形,却在眨眼之间发现女儿不但不想和妈妈一起睡觉,还把自己卧室的门给关上了。对于女孩从依赖妈妈到独立于妈妈的转变,很多妈妈都感到不习惯,甚至有些失落。其实,这恰恰是女孩长大的表现。

进入青春期后,女孩不但坚持独自睡在自己的卧室里,有的时候还会把卧室的门关上呢。尤其是在和爸爸妈妈发生矛盾或者冲突的时候,女孩更是会把自己反锁在房间里,不愿意被打扰。如果确保女孩的情绪不冲动,女孩也不会做出过激的举动,那么父母不要急于推开女孩的房间检查女孩的情况,而是可以让女孩独自留在房间里冷静一段时间。如果真的有事情必须进入女孩的房间,也切勿和土匪进村一样横冲直入,而是要敲敲门,让女孩做好迎接你的准备。看到这里,很多父母也许会觉得好笑:我之所以不敲门就直接进入,恰恰是担心女孩在房间里做不该做的事情,这样猝不及防地进入房间才能检查她们的情况。一旦敲门,女孩不就可以做好准备,藏匿不该看或者不该玩的东西,假装正在用心读书和学习了吗?请问:作为父母的你们,一定要揭开女孩的面纱吗?青春期的女孩长大了,不想再和父母亲密无间,父母也要与时俱进地与女孩拉开距离,这样才是尊重女孩的表现。

学会敲门,尽管只是一件很简单的事情,却会给女孩截然不同的感受。父母不敲门就进入女孩的房间,女孩会缺乏安全感,也觉得在家里并没有完全属于自己的空间。父母敲门，得到女孩的允许才进入房间，女孩会感受到父母的尊重，把握好人际相处的边界，也会在自己的空间里自由自在地做一些事情。渐渐地，女孩会自尊、自信、自重、自爱，她们身心健康，内心充满阳光。此外，进入他人的房间先敲门，也是最基本的礼仪。没错，这里所说的就是他人。对于父母而言，女儿就是他人，而不是父母的附属品或者私有物。父母切勿以为一扇门会隔绝自己和女孩，事实恰恰相反，当父母坚持敲门才进入女孩的房间，女孩会更加信任和亲近父母，也更愿意和父母交流。

从小，小雪就是特别乖巧的女孩，对爸爸妈妈的话言听计从。但是，自从升入初中之后，小雪就像是叛逆心大爆发一样，总是和父母作对。她彻底关闭心扉，不愿意和妈妈聊天。面对爸爸关切的询问，她也总是以一个"嗯"字就做出回答。要知道，小雪小时候最喜欢和妈妈聊天，还常常缠着妈妈一起睡觉呢。看到仿佛变了一个人的女儿，妈妈简直丈二和尚摸不着头脑，压根不知道问题出在哪里。

有一天晚上，妈妈和往常一样去小雪的房间。她推门而入，明显感觉到小雪吓得浑身哆嗦了一下，还飞快地把什么东西藏了起来。妈妈以为小雪在做不该做的事情，当即追问小雪在干什么，小雪却以沉默的方式拒绝回答。后来，妈妈索性搜查了小雪的房间，最终发现小雪只是在偷偷地看一本课外书。这件事情让小雪倍感委屈，她当即哭着对妈妈说："以后，不得到我的允许，你们不许进我的房间。"妈妈不以为然地说："这是我的家，我想去哪里就去哪里。"小雪无助地说："但是，这是我的房间。"妈妈继续说道："你都是我生的，你的房间我更是想进就进。"听到妈妈和小雪吵架的声音越来越大，爸爸赶过来劝说道："小雪，妈妈的确不该擅自闯入你的房间，以后我们都先敲门，得到允许再进，好不好？"小雪点点头，这才停止哭泣。

　　太多的父母都无法适应女孩的成长，不能忍受女孩与他们渐行渐远。然而，女孩的成长就是渐渐地疏远父母，从依赖父母生存，到离开父母的身边独立生活。很多时候，不是女孩不愿意长大，而是父母不能及时对女孩放手。作为父母，要认清楚女孩成长的真相，也要认清楚亲子相处的本质，才能在陪伴女孩的过程中更好地对待女孩。虽然父母很心疼女孩，想要永远呵护女孩，但是谁都无法阻挡女孩成长的脚步。女孩总要离开父母的身边，寻求自我独立。正是因为如此，在进入青春期之后，女孩就会认为自己长大了，她们渴望和父母一样拥有独立的空间，渴望在属于自己的空间里不被打扰，自由地做想做的事情。很多女孩还要求得到更多的权利，如给头发染色、化妆或者做其他事情。

　　作为父母，固然要为女孩能做什么、不能做什么把关，却也要尊重女孩的独立空间。在大多数普通的家庭里，女孩的独立空间就是自己的房间，她们会在房间里藏匿很多小秘密，父母切勿随意进入女孩的房间翻看各种东西。父母还要尊重女孩的隐私，哪怕无意间窥探到女孩的隐私，也不要揭穿女孩。相信在得到父母的尊重之后，女孩也会给予父母相应的理解和尊重，并且会在需要的时候主动地向父母倾诉。渐渐地，女孩与父母的关系会越来越亲近。

　　那么，父母要如何做，才算是给予女孩独立的自主空间呢？

　　首先，让女孩独立布置属于自己的房间。青春期的女孩未必喜欢父母为她们布置的房间，既然如此，不如把布置房间的权利交还给女孩，任由女孩按照自己的意愿布置房间吧。有些家庭里房子比较大，女孩有自己的独立房间。

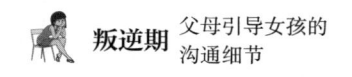

在有些家庭里，因为房子很小，所以女孩没有自己的独立房间。那么，父母可以用帘子为女孩隔出独立的空间，这样女孩待在自己的小小空间里会感到更加舒适自在。

其次，父母要尊重女孩的独立空间，切勿窥探女孩的隐私。所谓尊重女孩的独立空间，指的是认可女孩是自己房间的主人，尊重女孩对自己房间的主权。最明显的表现方式之一，就是敲门得到允许之后，再进入女孩的房间。当女孩不在家的时候，父母不要进入女孩的房间里随意翻看各种东西，更不要以形形色色的理由打开女孩的抽屉或者日记。人人都有好奇心，但是父母要控制好自己的好奇心，切勿侵犯女孩的领地。

青春期女孩虽然年纪不大，但是她们是非常敏感的，也很懂事。作为父母，既然希望女孩快快地长大，就要尊重女孩，平等对待女孩，把女孩当成家庭的一分子对待。女孩一定会感受到父母的尊重，也会给父母同样的对待。

第三章

十年树木百年树人，以优秀品质铸就女孩一生基石

父母的爱是女孩成长的养料，正是在父母之爱的滋养下，女孩才能幸福地成长起来。父母的爱还能滋养女孩的心灵，让女孩的内心变得更加充实和富足。常言道，十年树木，百年树人。父母在面面俱到照顾女孩的同时，也要培养女孩自信、宽容、诚信、勇敢的品质。这些品质是奠定女孩人生的基石，也将如同阳光普照女孩的心田。

自信，给女孩充足的底气

所有父母都希望养育出优秀且充满自信的女孩，因为这样的女孩才有能力面对人生的风雨和坎坷，也才能以强大的内心缔造属于自己的精彩人生。然而，女孩并非天生自信，从某种意义上来说，女孩是否自信，取决于父母对她们的教育，以及对她们施加的影响。

自信的女孩无所畏惧。她们哪怕知道结果未必如同预期，也会拼尽全力去尝试；自信的女孩能够创造奇迹，因为她们有着不服输的勇气；自信的女孩能够感染身边的人，因为她们会散发出强大的气场和能量，让身边的人和她们一样更加乐观开朗；自信的女孩充满底气，她们从不依附于任何人，而只想做最优秀的自己。美国大名鼎鼎的文学家爱默生曾经说过，人生成功的第一秘诀就是自信。伟大的科学家爱因斯坦也曾经说过，通往成功的第一步就是自信。古往今来，很多名人都赞美自信，很多事实也都证明了一个亘古不变的真理，即每个人都需要自信作为心灵的养料，也都需要自信为自己提供源源不断的生命动力。

> 海伦·凯勒是美国大名鼎鼎的女作家，她虽然命运坎坷，却始终顽强不屈地与命运抗争，最终奏响了自己人生的交响曲。凯勒刚刚出生的时候是个健康可爱的婴儿，却在一岁多的时候患上了严重的猩红热，接连几天高烧不退，奄奄一息，最终虽然侥幸活了过来，却因此而留下了严重的

> 后遗症：又聋又哑。对于一个年仅一岁多的女孩而言，这是多么可怕的事情啊。为了帮助凯勒更好地生活，爸爸为凯勒请来了家庭教师安妮·莎莉文。莎莉文老师对凯勒非常用心，不但教会凯勒认字，还教会凯勒读书。正是因为有了莎莉文老师的悉心照顾，凯勒才变得越来越自信，越来越坚强。
>
> 后来，凯勒不满足于留在家里学习，因而进入学校和那些正常的女孩一起读书。在此过程中，莎莉文老师一直陪伴在她的身边。让人震惊的是，凯勒居然考入了大学，进入了哈佛大学拉德克利夫女子学院开始学习，并且以优异的成绩于四年后毕业。从此之后，凯勒开始从事公益事业，又把自己求学的经历写出来与大家分享，激励了全世界无数的青年。
>
> 凯勒一生之中有14部著作，在世界范围内是一位特别有影响力的女性作家。她的一生固然是不幸的，却也是幸运的。回顾自己的一生，凯勒曾经感谢命运的磨难，甚至说如果没有这样的命运，就不会造就这样的她。由此可见，凯勒真的是非常自信。

马丁·路德·金作为黑人领袖，也始终充满了自信。他曾经说过，在这个世界上，一个人只要拥有坚定不移的信念，就会永远傲然屹立。凯勒以自己的亲身经历验证了这句话，也告诉世界上所有人自信的重要性。迄今为止，说起凯勒，还有很多读者朋友都对她极其敬佩。自信，让渺小的生命变得伟大起来；自信，也让平凡的人生变得不平凡。既然凯勒以残疾之身都能创造生命的奇迹，我们作为健康的人又有什么做不到呢？作为父母，一定要致力于培养女孩的自信，这样女孩才会具有更加强的生命力量。

那么，父母要做到以下几点，才能培养女孩的自信。

首先，坚信女孩是最优秀的。很多父母面对他人夸赞女孩的话，往往会以否定的方式表示谦虚，认为女孩没有他人所夸赞的那么优秀。其实，这么做会打击女孩的自信心，非但不能让女孩戒骄戒躁继续努力，反而会使女孩产生自卑心理，甚至怀疑自己的能力。

其次，鼓励女孩勇敢地尝试。很多父母担心女孩做不好一些事情，因而阻止女孩尝试。实际上，女孩只有通过亲自尝试才能得出经验。在尝试的过程中，哪怕女孩失败了，她们也会从中汲取经验和教训，这远远比女孩什么都不做更好。所以父母要多多鼓励女孩，而减少对女孩的限制。当女孩做过更多的事情，积累了更多的经验，她们自然会充满自信。在此过程中，如果女孩的尝试取得了成功，父母要当即恭喜女孩。反之，如果女孩的尝试遭遇了失败，那么父母切勿打击女孩，是要看到女孩的努力付出，慷慨地赞美女孩的勇敢。

最后，正面激励女孩，切勿打击女孩。语言虽然不是刀子，却会比刀子更加伤人。女孩最信任的人就是父母，如果父母常常以语言打击女孩，那么女孩的心就会千疮百孔，女孩甚至还会因为父母的负面评价而否定自己，她们又如何能够扬起自信的风帆继续远航呢？所以父母要养成良好的表达习惯，在和女孩沟通的时候，最好不要使用负面的、否定的表达方式，而是要用正面的、肯定的表达方式。例如，女孩考试成绩不好，那么父母与其说女孩"不努力""特别笨"，不如鼓励女孩"继续努力，功夫不负有心人"。相信女孩在得到父母的认可与赏识之后，就会获得更多的自信心，也会更加全力以赴地去做好每一件事情。人们常说，好女孩都是夸出来的，正是这个道理。

吃得苦中苦，方为人上人

如今，很多家庭里都只有一个孩子，因而父母总是特别疼爱孩子，把孩子捧在手里怕摔了，含在嘴里又怕化了。尤其是当这个孩子是女孩的时候，父母养育女孩就会更加用心和小心，生怕哪个地方照顾不到使女孩受到伤害。在父母无微不至的照顾下，女孩变得更加柔弱，很多女孩遇到任何事情都会求助于父母，在遇到困难的时候还会放弃努力。面对这样手无缚鸡之力又胸无点墨的女孩，父母也未免发愁：女孩一天天长大，作为父母又不能照顾女孩一辈子，女孩将来可怎么办呢？当意识到这一点的时候，父母就要及时地培养女孩的能力，让女孩学会吃苦。古人云，吃得苦中苦，方为人上人，就是这个道理。

太多的父母事无巨细，对女孩全权包办，他们交给女孩的唯一任务就是好好学习，仿佛学习是生命的灵丹妙药，而女孩只要做好学习这一件事情就能一帆风顺、万事如意。这当然不可能。因为学习并非生命的唯一任务，生命本身是非常精彩的。女孩要想享有美好的生命，就一定要拓宽自己生命的宽度，也要给予自己更多的机会去勇敢地尝试。作为父母，在女孩还没有意识到生命丰富多彩的时候，就要有意识地引导女孩吃苦。否则，女孩即使能力再强，始终娇滴滴的也不会有好的发展。

既然如此，父母就不要继续告诉女孩"你只管好好学习就行"了。虽然人们常说穷养儿子，富养女儿，但是养育女孩也不能太过骄纵。父母即使再怎么爱女孩，也不可能陪伴在女孩身边一辈子，更不可能把每件事情都为女孩做好。所以归根结底，女孩必须自己强大起来，才能成为自己人生的主宰。

时代发展至今，我们也要多元化地了解"富养女儿"的教育理念。曾经，人们狭隘地认为富养女儿就是要给女儿提供最好的物质条件，就是要给女儿花不完的零花钱。然而这只会骄纵女孩，让女孩缺乏金钱观念，也不懂得生活疾苦。我们要从精神层面理解"富养女儿"的概念。所谓富养，就是与其给女孩更多的钱和物质，不如培养女孩优秀的品质，让女孩拥有良好的性格和高尚的品质，让女孩拥有高情商，也养成好习惯，让女孩走遍世界各地开阔眼界，也多多读书充实心灵。唯有如此，女孩才能实现精神上的富足，眼界开阔，拥有大格局，既能守得住繁华，也能耐得住寂寞，既能享福，也能吃苦。对于这样的女孩，父母完全无需担心女孩的未来，只要放手让女孩去创造自己的人生就好。

在这个世界上，没有谁的人生之路是一帆风顺的。父母哪怕为女孩创造很好的条件，也不能保障女孩一生衣食无忧，更不能保障女孩一生幸福美满。女孩终究要长大，不再是那个孱弱的小生命，而是变得越来越强大，开始独立行走属于自己的人生。在人生的道路上，女孩总是会经历坎坷和挫折，这些坎坷挫折固然让女孩备感煎熬，却也为女孩提供了人生发展的契机。正如古人所说的，山重水复疑无路，柳暗花明又一村。女孩必须足够坚韧，足够强大，能够战胜重重困难，才能从困境走到顺遂之境，也才能顺利地度过人生的转折点。

在如今的社会上，有些女孩不愿意凭借自己的努力去改变命运，却寄希望于以结婚的方式嫁入豪门。不得不说，这是视婚姻为儿戏，也是对自己的人生不负责任的表现。对于这样的女孩，在她们小时候，父母一定没有对她们进行吃苦教育，所以她们才会想要不劳而获，也才会想要一夜暴富。为了避免青春期女孩在长大成人之后也进入这样的误区，父母要早早地开始培养女孩的三观，即人生观、价值观和世界观。只有拥有良好的三观，女孩在人生中面对各种诱惑的时候，才能把持住自己，在面对各种选择的时候，也才会明智理性。

女孩能吃苦，距离成功就会越来越近。现代社会竞争异常激烈，在所有的行业中都是一个萝卜一个坑，从来没有闲人。能吃苦的女孩未必会成为事业有成的女强人，但是却可以凭着自身的努力创造美好的人生。哪怕不是从名牌大学毕业，她们也能凭着汗水养活自己。相比之下，不能吃苦的女孩就像是浮萍，在社会生活中没有根，只能四处漂浮。她们还会把改变命运的希望寄托在他人身上，最终成为凌霄花攀附在大树之上，而无法独立地生存。

对于女孩吃苦，父母无需觉得心疼。因为女孩今日所吃的苦，未来都会变成她们人生中的福气。具体来说，父母要做到以下几点，才能从小培养女孩的吃苦精神。

首先，教会女孩自理和自立。很多父母都认为女孩还小，不能做很多事情，其实这是低估了女孩的能力。在成长的过程中，女孩要始终学习不同的生活技能，这样将来才能照顾好自己。衣食住行是每个人生存的基础，女孩如果能够照顾好自己的衣食住行，生存也就不成问题了。当然，父母在放手之初，女孩一定不会做得很好。但是没关系，父母要给女孩更多的机会和时间去练习，这样女孩才会熟能生巧，做得越来越熟练，也做得越来越好。

其次，要多多鼓励女孩，支持女孩做自己喜欢做的事情，也鼓励女孩做自己能做的事情。女孩往往不知道自己的能力有多么强，当低估自己的能力时，女孩就会畏畏缩缩、束手束脚，不知道自己该不该尝试。这个时候，父母要给予女孩信心和勇气，也要创造条件鼓励女孩亲身实践。例如，女孩想学习某项技能，父母可以为女孩提供资金，并且在女孩学习的过程中经常鼓励女孩，让女孩坚持到底。再如，女孩做一件事情失败了，父母切勿打击女孩的自信心，而是要和女孩一起分析失败的原因，这样才能从失败中汲取经验和教训，让女孩对于失败有更加深刻的认知。这里尤其需要注意的是，父母切勿代替女孩做好一切，也要提醒家中的长辈不要为女孩包办一切。在很多家庭里，老人与女孩隔代亲，总是不由分说地就为女孩做好所有的事情，使得女孩压根没有机会去锻炼自身的能力，也压根没有机会去证明自身的能力。所以全家人必须统一战线，对女孩放手，这样女孩才能得到成长。

再次，陪着女孩一起吃苦。在女孩吃苦的时候，父母在一旁看着总觉得于心不忍，既然如此，就和女孩一起吃苦吧。在吃苦的过程中，父母可以给女孩打气，也可以和女孩交流吃苦的心得和体会。例如，和女孩一起进行骑行挑战，和女孩一起征服高山等。只要咬紧牙关熬过那些特别辛苦和疲惫的时刻，女孩就会发现吃苦并不可怕，反而能让自己变得更加坚强和无所畏惧呢！在此过程中，父母还可以给女孩做好表率，这对于激励女孩将会起到很好的效果。

最后，利用环境，培养女孩吃苦耐劳的优秀品质。很多父母不惜付出一切代价为女孩提供最好的成长条件。例如，女孩上高中需要住校，因为担心女孩在学校里住不好吃不好，父母就在学校旁边租房子，给女孩陪读。其实，学校里的硬板床睡着睡着就习惯了，学校食堂的饭菜即使不那么美味，也是营养均衡的。父母不该给女孩搞特殊化，使女孩觉得自己与众不同，而是要让女孩和其他大多数女孩一样融入环境，学会吃苦。

总而言之，每个人都要学会吃苦，才能应对漫长的人生。作为女孩，并非天生就是让人疼爱的。在家庭生活中，父母固然心疼女孩，呵护女孩。而一旦离开家庭，离开父母的身边，女孩就要学会独立生活，学会应对各种情况，也要学会咬紧牙关吃苦。

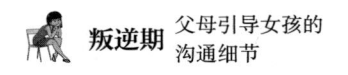

礼貌待人，心怀感恩

如今，很多家庭里都只有一个女孩，父母把女孩照顾得无微不至，凡事都不让女孩动手，更不让女孩操心。渐渐地，女孩就会形成以自我为中心的错误思想，心安理得地享受父母给予她们的一切。即使在离开父母的身边之后，她们也会要求身边的人像父母一样对待她们，既要照顾好她们，又要礼让她们，还要包容和忍耐她们。对于所有人的付出，她们压根不会感恩，而只觉得理所当然。这样的女孩不管走到哪里都不会受人欢迎，因为她们只知道索取，而不懂得付出，她们还索取得理所当然，而连一句感谢的话都不愿意说。

试问：当你的人际圈子里出现这样的人时，你愿意和她们相处吗？如果答案是否定的，那么从现在开始就要关注对女孩的教育和引导，教会女孩礼貌对待他人，也教会女孩对他人心怀感恩。唯有如此，女孩才会在与人相处的过程中给他人留下好印象，也赢得他人的好感。

古人云，受人滴水之恩，当以涌泉相报。女孩怀有感恩之心，才会友好地与人相处，也才会在他人需要的时候热情地伸出援手。女孩感恩父母，可以与父母建立良好的亲子关系；女孩感恩他人，才能与他人成为真心的好朋友。

> 小蕊放学回到家里，打开门就把鞋子脱掉扔在一边，又飞奔到客厅把书包胡乱扔到沙发上，然后一屁股坐在沙发上，四仰八叉地对妈妈喊道：

"妈妈，晚饭吃什么？我快饿死啦！"此时此刻，妈妈也才下班回到家里，连衣服都没来得及换呢，就一头扎进厨房里准备晚餐。听到小蕊的喊声，她从厨房里探出头来，对小蕊说："你先吃点儿面包垫垫肚子，爸爸去接爷爷奶奶来过元宵节了，很快就开饭。"

"但是，我不想吃面包，我想吃红烧肉，你快点儿做！"小蕊着急地说。

妈妈耐心地解释道："小蕊，今天是元宵节，是团圆节，必须等到爷爷奶奶来了才能开饭，所以哪怕我做好了，现在也不能吃。你太饿了，还是先吃点儿面包吧！"

"什么元宵节不元宵节的，我必须吃了红烧肉才做作业！"小蕊对妈妈的话充耳不闻。

妈妈有些懊恼，说道："你这个女孩太任性了。元宵节是团圆节，你能等就等，不能等就先吃面包，我得赶紧做饭了！"后来，小蕊坚持吃了一碗泡面，这才心不甘情不愿地去写作业。等到爷爷奶奶来到的时候，她又说自己不饿，不愿意陪着全家人一起吃饭。妈妈狠狠地批评了小蕊，说道："小蕊，等到你过儿童节的时候，我和爸爸是不是也可以因为有事情就不陪你，因为不想吃饭就不带你出去吃必胜客呢？你这个女孩太自私了，这样可不招人喜欢啊！"小蕊很羞愧，赶紧从卧室里出来，坐到餐桌旁和大家一起吃饭。

很多青春期女孩都和小蕊一样不懂得感恩，也不知道顾及他人的感受。她们只想要满足自己的需求，只想按照自己的心愿去做很多事情。这并非完全是女孩不懂事，也是因为父母给予了女孩太多的关注，也始终在为女孩付出，因而忽略了培养女孩的感恩之心，也没有对女孩进行礼节的教育。相信如果父

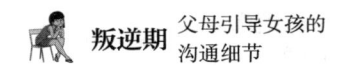

母注重培养女孩懂礼貌的好习惯，也让女孩学会感恩，女孩的行为表现就会大大改观。

我们应该认识到爱是一门艺术，只有智慧的父母才懂得如何更好地爱女孩。例如，父母要教会女孩换位思考，让女孩能够站在他人的角度上，设身处地地为他人着想；父母要在对女孩付出爱之后，教会女孩表达感谢。虽然"谢谢"只有简简单单的两个字，却会使人内心温暖，也会使人备受感动。在说谢谢的同时，女孩不仅是在向他人表示感谢，也会让自己的内心因为感恩变得更加柔软。

世界这么美好，不仅是因为世界上有美丽的风景，更是因为世界上到处都充满了爱，人与人之间也遍布温暖。感恩之心就像是一颗生命力顽强的种子，会在每个人的心中扎下根来，散发出幸福的光芒，所以感恩之心可以照亮每个人内心的角落，融化每个人内心的寒冰。懂得感恩的女孩就是爱的使者，也是播散种子的人。作为父母，要坚持做好以下几个方面，才能教会女孩懂得感恩，懂得感谢。

首先，父母要懂得感恩，常常感谢，这样才能给女孩做好榜样。父母的言传身教是对女孩最好的教育，父母的一言一行都会对女孩起到潜移默化的影响作用，所以父母要先改变自己的行为举止，才能影响女孩。例如，在和长辈、家人等相处时，父母要充满爱心，充满同情心，要乐于帮助他人，也要经常回报他人。有些父母认为不需要感谢女孩，所以当得到女孩的帮助时，他们并不会主动说谢谢。其实，这是错误的。只有父母习惯于感谢女孩，女孩才会学会感谢父母。父母要以自己的言行举止为女孩营造感恩的环境，让女孩知道一句谢谢的魔力。

其次，让女孩学会表达爱心。在家庭生活中，如果父母从来也不求助于女孩，那么女孩就没有机会表达爱心。所以父母要学会示弱，如在感冒时请求女孩帮忙倒水，在饿得饥肠辘辘时接受女孩给的零食等。女孩很乐意帮助父母，在采取实际行动帮助父母排忧解难之后，她们也会获得成就感。在家庭生活中，父母有很多机会可以求助于女孩，如在大扫除的时候请女孩帮忙洗抹布，在去长辈家里的时候请女孩帮忙拎礼物等。有的时候，还可以让女孩亲身感受父母做过的事情，这样女孩就会知道父母平日里有多么辛苦，也更加感恩父母。这样做还能培养女孩的自理能力，可谓一举两得。

最后，对女孩施加积极的影响。很多女孩都喜欢读书，那么可以让女孩阅读一些相关的名人事例，让女孩借此机会受到感恩教育。也可以把现实生活中某个人的行为讲述给女孩听，让女孩更加感同身受。总而言之，父母要注重对女孩进行感恩教育和感谢教育，女孩才能学会感恩，学会感谢，也以博爱温暖人间。

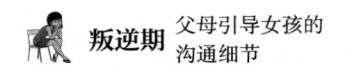

懂得道理，以理服人

在家庭生活中，女孩很有可能独得宠爱，因而总是提出自己的要求，也常常得到满足。但是在家以外的地方，很少有人会和父母一样宠爱女孩，所以女孩只靠着在家里的撒娇卖萌已经远远不够了，必须学会讲道理，以理服人。

作为社会的成员，女孩渐渐长大，进入青春期之后面临的人际交往环境必然更加复杂。为了女孩的长远考虑，父母不要一味地骄纵和宠溺女孩，而是要提前为女孩将来的社会生活做准备，那么就要有意识地培养女孩知书达理的优秀品质。

对于女孩，每个父母都有相同的期望，那就是希望女孩成为淑女，既讲礼貌，也讲道理。前文我们已经说过女孩要懂得礼貌，俗话说，伸手不打笑脸人，所以讲礼貌的好处无需赘述。接下来，我们要重点阐述女孩讲道理的重要性。所谓知书达理，不仅要从容优雅，有良好的行为举止，还要内外兼修，有自信有涵养也有素质。知书达理的女孩也许不是最美丽的，却是最优雅的；也许不是最古灵精怪的，却能给人留下良好的印象。知书达理的女孩仿佛拥有魔力，能够给身边的人留下良好的印象，也能够赢得众人的好感。

秀兰·邓波儿就接受了良好的家庭教育，在言谈举止和礼仪方面都做得非常好。这都得益于父母注重培养邓波儿成为淑女。他们告诉邓波儿如何礼貌地对待他人，如何让自己表现得更加从容优雅。正是在父母的悉心

> 栽培下，邓波儿才会成为真正的淑女，受到无数粉丝的喜爱。有些粉丝认为邓波儿是降落凡间的天使，可见他们对邓波儿的喜爱程度。
>
> 　　有一天，一家制片公司来到舞蹈学校寻找小演员，一眼就相中了气质出众的邓波儿。从此之后，邓波儿星途坦荡，片约不断。多年后，邓波儿在艺术表演方面做出了卓越的贡献，后来又进入政界，曾经担任美国驻联合国首席代表和驻外大使。回望邓波儿成功的经历，与父母的教育是密切相关的，作为女孩的她既美丽温柔，又独立坚强，既彬彬有礼，又懂得道理。可以说，邓波儿是淑女的典范。

　　看到邓波儿的人生，很多父母都特别羡慕，也想向邓波儿的父母学习，把女孩培养得温柔懂礼，又铿锵有力。需要注意的是，只关注女孩的外表是远远不够的，只强调女孩的言行举止也是不够的。最重要的在于，要充实女孩的内心，引导女孩学会对他人感同身受，也让女孩发自内心地尊重他人，礼貌地对待他人。由此可见，淑女的气质可是伪装不来的，而是要由内而外地散发出来。

　　要想养育出淑女，父母就要做到以下几点，致力于打造真正的淑女。

　　首先，为女孩营造良好的家庭环境，经常使用礼貌用语和敬语，让女孩切身感受到语言的力量，也在潜移默化中学会以礼貌的方式对待他人。这不但要求父母之间相互尊重和敬爱，也要求父母对待女孩必须非常尊重和礼貌。否则，如果父母很粗鲁，女孩也就会和父母一样言语粗俗。

　　其次，教会女孩做出优雅的行为。很多父母本身并不是优雅的人，所以他们并不知道什么才是真正的优雅，在教女孩优雅的时候自然也就会传递出一些错误的信息。例如，很多妈妈照本宣科，告诉女孩要笑不露齿，使女孩总是无法表现出最真实自然的自己。实际上，真正的优雅并非笑不露齿，而是举止大方，流露出真性情。也有些妈妈要求女孩必须表现得很柔弱，要娇滴滴的，不能像个女汉子。为此，很多女孩都东施效颦，恨不得什么事情都请求别人去做。这样的矫揉造作，当然不是真正的优雅。女孩即使力气很大，充满勇气，也同样可以优雅大方。所以父母首先要知道什么是优雅，才能引导女孩做出优雅的表现。

总而言之，优雅不是漂亮，如果说漂亮的容貌是天生的，那么优雅则是后天形成的气质和魅力。女孩可以不漂亮，却一定要有气质，也要由内而外地散发出自己的人格美丽。优雅是自信、从容、坦荡、豁达。优雅的女孩即使不美丽，也能吸引很多人的目光，也会受到很多人的欢迎。幸运的是，每一个女孩都可以变得更加优雅，所以父母养育女孩的时候一定要以优雅为目标，培养女孩知书达理的气质。

做负责任有担当的女孩

女孩，一定要负责任，有担当。女孩首先对自己负责，才能对家庭负责，才能为国家肩负起重任。有责任感的女孩会安排好自己的生活和学习，有责任感的女孩也能够赢得他人的尊重和信赖，因而成功地打造良好的人际关系。然而，很多父母在养育女孩的时候都进入了一个误区，即他们认为女孩无需像男孩一样有责任感，有担当，还认为无需刻意地培养女孩的责任感，女孩随着成长会渐渐地具备责任感。正是因为有这样错误的教育观念，所以父母总会替女孩承担责任。举个简单的例子，女孩小时候不小心打伤了小伙伴，父母会当即代替女孩道歉；女孩不小心损坏了同学的物品，父母往往不等和女孩商议如何解决问题，就代替女孩做出赔偿了。长此以往，女孩会越来越没有责任感，因为她们从来不用承担责任。

可以说，很多女孩之所以缺乏责任感，问题并不在于她们自身，而在于父母。倘若父母总是代替女孩承担责任，女孩对此就会越来越心安理得，也就不再反思自己的错误，而是认为自己不管做错了什么，父母都会替自己承担。还有些女孩习惯了衣来伸手、饭来张口，也习惯了凡事都由父母扛着，所以她们在遇到问题的时候就会自然而然地寻求父母的帮助，也会在需要承担责任的时候，把所有的责任都归咎于父母。在这样的家庭环境中成长的女孩，一定会越来越自私，也会毫无担当。她们骄纵任性，蛮横无理，误以为父母将会一直疼爱她们，宠爱她们，骄纵她们。意识到这一点，父母必须及时地改变对女孩

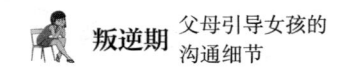

的教育理念和教育方式，也要采取有效的方法培养女孩的责任意识。

> 美美15岁了，正在读初三。因为初三课业繁重，所以美美偶尔会忘记写作业，却谎称自己把作业本落在家里了。对于美美的小把戏，妈妈心知肚明。这一天早晨，妈妈送美美去学校，却因为路上堵车而迟到了。美美央求妈妈把她送到教室，她对妈妈说："妈妈，我作业本忘记带了，还迟到了，老师一定会批评我的。你只要把我送到教室，亲口和老师解释一下，老师就不会批评我了。"妈妈当然知道美美又没有完成作业，但是她不想揭穿美美，而是直截了当地拒绝了美美的请求。妈妈对美美说："美美，你已经好多次忘记带作业本了，你在其他事情上并不这么健忘。我想，即使你真的忘带作业本，你也必须自己承担这件事情的后果。妈妈还急着上班呢，不能送你去教室。"说完，妈妈就离开了。美美孤零零地朝着教室走去，她忐忑不安极了。
>
> 果不其然，老师狠狠地批评了美美，而且给美美下了最后通牒："如果下次再忘记带作业本，我就会打电话给你的妈妈，让她来接你回家拿作业本。"美美知道自己的这个小把戏不能再用了，否则就会被戳穿得很难看。从此之后，她再也没有忘记带作业本，当然，这也意味着她乖乖地按时完成了作业。

不管是女孩还是成人，不管是男孩还是女孩，都有自己需要承担的责任。如果因为各种原因就推卸责任，也不能承担相应的后果，那么女孩就会越来越投机取巧。所以当发现女孩在故意逃避责任的时候，作为父母切勿纵容女孩，而是要以现实给女孩深刻的教训。现实生活中，别说是女孩了，很多成人都缺乏责任感。毫无疑问，当父母缺乏责任感，故意逃避责任的时候，女孩就会受到不良影响。因而要想培养女孩的责任感，父母首先要成为负责任有担当的人。此外，还有些父母因为心疼女孩，会代替女孩承担责任，这对于培养女孩的责任意识也是极其不利的。

人非圣贤，孰能无过。每个人都会犯错误，女孩更是在犯错误的过程中才能不断地成长起来。作为父母，任何时候都不要代替女孩承担责任，而是要鼓励女孩积极地承认错误，负起责任。女孩唯有意识到自己才是责任的主体，她们才会更加慎重地思考，也能理性地做出决定。尤其是在女孩犯错误的时候，父母更是要让女孩自己承担后果。举例而言，女孩不小心弄坏了同学的文具，父母帮助女孩赔偿是不可取的，而是要让女孩用自己的零花钱或者是压岁钱进行赔偿。虽然这听起来有些不近人情，但是恰恰是这样不近人情的方式才会让女孩明白她们必须自己承担责任。在为自己的错误买单之后，女孩会有意识地避免再犯同样的错误。此外，父母也不要包庇女孩的错误，而是要让女孩明白人人都要为自己的错误负责。

具体来说，父母要做到以下两点，才能培养女孩的责任意识，也才能让女孩成为有担当的人。

首先，帮助女孩明确自己的责任。即便是在家庭生活中，每个家庭成员也都有属于自己的责任。所以父母要和女孩划分清楚责任，父母负责承担自己的责任，女孩也要负责承担自己的责任。例如，女孩因为起床晚了而迟到，那么父母不要代替女孩向老师解释原因。再如，女孩因为拖延而没有按时完成作业，她们理应去学校接受老师的批评，甚至是惩罚。

其次，让女孩承受自然结果，而非人为惩罚。当女孩承担了事情的自然后果，而非父母的人为惩罚，她们就会主动地反思自己哪里做得还不够好，从而积极地改正自己的错误。那么，什么是自然惩罚呢？18世纪，法国大名鼎鼎的教育家卢梭提出了自然惩罚法则。卢梭认为，儿童理应承担自身行为导致的

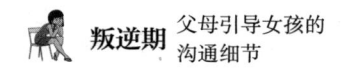

自然结果，这才是他们所受到的最好惩罚。人为惩罚的概念与自然惩罚是相对的，就是由人所决定的惩罚。举例而言，女孩起床晚了迟到被老师批评，这就是拖延起床的自然惩罚。如果父母因为女孩起床晚了，就把冰冷的手伸入女孩温暖的被窝，放在女孩温暖的身上，使女孩冷得一激灵，睡意全无，那么这就是父母对女孩的人为惩罚，往往会让女孩感到不满，甚至暴怒。

引导女孩负责任有担当，并非一蹴而就的。作为父母，教育女孩的时候一定要有耐心，也要开动脑筋，以智慧的方式给予女孩启迪和引导。相信在父母的用心教导下，女孩一定会做得越来越好，也会更加优秀。

诚信，是女孩立足之本

诚信，是人之根本。一个人如果没有诚信的品质，总是随口对他人做出承诺，又马上把自己的诺言抛之脑后，那么她们就会被朋友唾弃，也会变得越来越孤单。父母要注重培养女孩诚信的品质，这样女孩才有了立足之本，也才能处处受人欢迎。

古人云，一诺千金，这句话告诉我们诺言的分量。在不守诚信的女孩心中，诺言总是轻飘飘的，无非是一句已经说过的话，并没有什么分量。相反，在讲究诚信的女孩心中，诺言却是非常重的，是最有分量的，一句话被说出来之后，诺言一定要得到兑现。女孩们从小就听过《狼来了》的故事，那么就会知道牧羊人以"狼来了"再三欺骗他人，最终却害了自己。不守诺言的女孩何尝不像是那个牧羊人呢，最终必然会吃到不诚信的苦头。

古往今来，很多名人都特别讲究诚信。他们知道，诚信是特别优秀的品质，也是一个人的立身根本。在日本，很多人都对松下幸之助的大名如雷贯耳，就是因为他具备诚信的品质。在他的心中，信用不但是一种无形的强大力量，也是一种无形的宝贵财富。由此可见，父母必须重视培养女孩的诚信品质，教会女孩说到做到，教会女孩以诚信赢得他人的认可和尊重，更获得他人的信任和器重。

梦瑶14岁，正在读初二。她从小就是学霸，不管是在小学阶段，还是在进入初中之后，都特别出类拔萃。令人感到奇怪的是，梦瑶也只是在学习上表现突出，在人际交往方面，她在班级里连一个好朋友都没有，所有同学都不愿意和她一起玩。这到底是怎么回事呢？不仅梦瑶想不明白其中的原因，老师和父母更是百思不得其解。后来，老师特意私下里向很多同学了解情况，这才知道梦瑶不守信用。

琪琪曾经是梦瑶的好朋友，后来却和梦瑶形同陌路。原来，琪琪有一次向梦瑶借阅《作文选》，梦瑶答应得好好的，此后接连好几天都以"忘记了"为由没有把《作文选》带到学校。渐渐地，琪琪就知道梦瑶压根不愿意把《作文选》借给她看了。后来，琪琪没有继续追着梦瑶借阅《作文选》，且渐渐地疏远了梦瑶。也有的同学说，梦瑶特别爱编造谎言。例如，有个同学趁着暑假和爸爸一起去了上海迪士尼，班级里的其他同学都很羡慕，梦瑶撒谎说爸爸带她去过美国迪士尼。这让那个同学很不开心，当即追问梦瑶美国迪士尼是什么样子的，梦瑶却支支吾吾，压根不知道该如何回答。同学们哄然大笑，也就知道梦瑶是在撒谎了。日久天长，班级里的所有同学都知道了梦瑶的这个特点，他们全都不愿意和梦瑶一起玩了。梦瑶感到很孤单，每当下课的时候，眼巴巴地看着其他同学在一起嬉笑打闹，她却只能孤独地留在教室里。老师了解了原因之后，特意找到梦瑶说起相关的事情，梦瑶不好意思地低下了头。老师耐心地劝说梦瑶："梦瑶，和同学相处一定要真诚，也要讲究诚信，明白吗？一个人也许可以欺骗或者敷衍他人一次、两次，甚至是三次，但是日久天长一定会被识破，失去朋友。既然如此，还不如和朋友坦诚相见呢，你说对吗？"梦瑶当然知道老师的意思，她羞愧地向老师承认错误，还表示自己一定会改正错误。

俗话说，纸是包不住火的，同样的道理，谎言终究会被戳穿。青春期女孩很渴望获得友谊，却又因为各种原因而不能兑现对他人的承诺，甚至故意向朋友撒谎，这使得她们与朋友之间越来越疏远，也越来越孤单。每个人都需要朋友的陪伴，对于青春期女孩而言，最大的幸运之一就是拥有知心的好朋友。既然如此，女孩就要更加真诚地对待朋友，也要在与朋友相处的过程中一诺千金。

很多父母固然在衣食住行方面悉心照顾女孩，却忽略了要培养女孩诚信的品质。其实，青春期正是性格塑造时期，因而父母要抓住这个关键期对女孩进行教育和引导。具体来说，父母要从以下三个方面着手。

首先，告诉女孩什么是诚信。说起诚信，很多女孩并不了解，也没有深刻的认知。那么，父母要告诉女孩诚信的具体表现，即言出必行、一诺千金。即使真的因为一些事情而导致无法兑现诺言，也要真诚地向对方解释，并且求得对方的谅解。

其次，告诉女孩慎重许诺。青春期女孩很容易冲动，在某些特殊的情况下，她们很有可能因为脑门一热，就对他人做出承诺，而丝毫没有想到自己压根没有能力兑现诺言，或者也没有预料到自己兑现诺言困难重重。对于不能兑现的承诺，女孩要慎重地许诺，否则就会给人留下不守诚信的糟糕印象。

最后，学会拒绝。很多青春期女孩特别爱面子，对于好朋友的不情之请，她们尽管感到为难，也不好意思拒绝。当她们勉为其难地答应了对方的请求，却又发现自己没有能力兑现诺言时，她们就会很被动，也许出了力气还落下了埋怨。还有些女孩特别热心，从来不懂得拒绝他人，因而使自己陷入被动尴尬的局面之中，也因此而延误了对方解决问题的绝佳时机。父母要教会女孩拒绝他人，告诉女孩拒绝的技巧，如拒绝的时候可以贬低自己，而不要对他人居高临下；拒绝的时候要列举直接的实际困难，表示自己真的心有余而力不

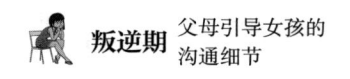

足，因而获得对方的谅解；拒绝的时候要给对方台阶下，切勿伤害对方的颜面和自尊。

相信女孩只要记住了这几点，就不会因为拒绝而得罪朋友，也不会因为拒绝而影响友谊。

第四章

梦想是人生的驱动力，让女孩坚持不懈勇往直前

哲学家苏格拉底认为，为了梦想而奋斗，是世界上最快乐的事情。对于每个人而言，梦想都是不可缺少的人生目标，也是人们生命的翅膀。有梦想的人才有斗志，有梦想的人才能拼尽全力去克服所有困难，有梦想的人才能让自己变得越来越优秀，也一步一步地坚持走向成功。每个人的梦想都是值得尊重的，青春期的女孩更是要有梦想，这样才有动力抓住最好的青春年华努力奋斗，这样才能让自己的生命长出翅膀，朝着美好的未来展翅翱翔！

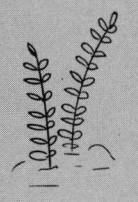

女孩，你为自己读书

在女孩小时候，父母最大的心愿就是希望女孩健健康康、平平安安，每天都无忧无虑、开开心心。这个时期，是家庭生活中最幸福美好的一段时光，一家三口团圆美满，父母努力工作，女孩茁壮成长。妈妈还会多多花费心思打扮女孩，只想让女孩成为最美丽的小公主。然而，这样美好的家庭生活场景在女孩进入学龄之后就会戛然而止。父母的心态仿佛在一夜之间就有了改变，他们不能容忍让自己骄傲的小公主比不过其他女孩，因而总是给女孩提出更多更高的要求。他们无法接受女孩原本很平凡的现实，只想把女孩打造得和他们心目中的完美女孩一样出类拔萃。在这样的情况下，父母望女成凤的急迫心情简直达到极致，他们想尽一切办法只为了给女孩的学习提供助力，如换购学区房，报名课外班，陪读等。在此过程中，不仅父母感到万分疲惫，女孩也会觉得压力山大。

看到父母对自己的学习如此费心尽力，女孩难免会感到困惑：学习是谁的事情？是我的事情，还是父母的事情？正在女孩百思不得其解的时候，如果父母再急迫地对女孩做出许诺，以各种礼物诱惑女孩考取好成绩，那么女孩几乎当即可以确定学习是为了父母。不得不说，父母把力气用错了地方，而女孩对于学习的定位也完全错误。从本质上而言，每个人学习都是为了自己，不管是女孩还是成人。很多女孩之所以在学习方面表现很被动，缺乏动力，就是因为她们错误地认为学习是为了父母。要想改变这样的情况，要想激发女孩学习

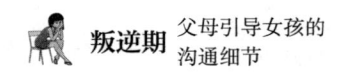

的内部驱动力，父母就要改变教育女孩的方式，让女孩切实认识到学习的目的和意义所在。

> 物理课下课之后，萱萱忍不住眉头紧锁，抱怨道："可恶的物理，简直要把我的头都搞大了！要是学校里只需要学习语文就好了，我最喜欢上语文课了。斯诺，你觉得物理难不难？"
>
> 斯诺是萱萱最好的朋友，还是萱萱的同桌。听到萱萱的话，斯诺也无奈地叹息道："我呀，既不想学习物理，也不想学习语文，我不想学习任何科目，要是天天放假就好了。"萱萱被斯诺的话逗得笑起来，说道："我觉得放假也不好，我妈妈总是唠叨我，只要看到我没有在学习，她就恨不得把我推到书桌前埋头苦读。所以相比起在家里，我更愿意在学校。哎呀，要是不用学习物理，我就太爱学校了。"
>
> 对于萱萱的话，斯诺感同身受，就像小鸡啄米一样不停地点头，说道："我也是。在我爸妈心中，我也是学习机器，真不知道他们是怎么想的，仿佛之所以生我们，就是为了用学习折磨我们一样。"萱萱和斯诺如同难姐难妹，越说越是彼此同情，唉声叹气。萱萱索性说道："不如我们彻底放弃学习，因为我一点儿都不想为了爸爸妈妈刻苦学习。看到他们对我唠唠叨叨，我就恨不得考个零分回家气一气他们。"斯诺笑起来，说："萱萱，你的学习态度可不端正啊。虽然我的学习成绩没有你的好，但是我知道学习是为了自己。你知道吗，有一次我爸爸带我去工地上看工人干活，那些工人没有知识，40℃的高温天气里还踩着脚手架干体力活，我在下面看着都眼晕。我可不想因为学习不好，将来也去工地上吃苦受累啊！同样是工作，我更愿意成为白领，在空调房里惬意地工作。"斯诺的话提醒了萱萱，萱萱恍然大悟道："对啊对啊，等到我长大了，爸爸妈妈就老

> 了，我就算吃苦受累他们也帮不了了，我也还是好好学习吧！"

当女孩得到了父母过多的金钱奖励、物质奖励，也被父母允诺以各种良好的待遇，还被父母时刻催促着认真学习，她们难免会产生误解，觉得自己是在为了父母而读书。这样的错误思想使得女孩对待学习缺乏动力，也不够积极。作为父母，当看到女孩对待学习三心二意、疏忽懈怠的时候，先不要急着指责女孩学习不用心，而是要纠正女孩的学习动机。一个人做事情，是为了别人而做，还是为了自己而做，表现必然完全不同。如果女孩认为自己是为了父母学习，那么父母的催促会起到相反的作用。反之，如果女孩认为自己是为了自己学习，那么即使父母不催促，女孩也会非常积极主动。

明智的父母不仅关注如何帮助女孩学习，还更加关注如何端正女孩的学习态度，帮助女孩树立远大的学习志向。这样女孩才会有学习的动力，也才会明确学习是为了自己。女孩从小到大都在学习，如学习吃饭、学习走路、学习穿衣等。她们在学习这些日常生活技能的时候轻轻松松，而学习知识的时候却大费周折。就是因为前者关系到她们的生存，所以她们动力十足，而后者却并非关系到她们当下的生活，所以她们难免会犯鼠目寸光的错误。

每个女孩都要有远大的志向，都要憧憬自己的人生。此时此刻，女孩得到父母的照顾，也在父母创造的良好条件中快乐成长，自然很难体会到学习的重要性。为了帮助女孩跳出现在的安逸圈，预见未来的生活，父母可以带着女孩多多看看社会上各行各业的从业者是如何工作的，也可以引导女孩设想自己未来的人生。相信在有了远大目标作为指引，也真正意识到学习是为了自己之后，女孩在学习方面会表现出前所未有的力量，也会发自内心地认识到学习的重要性。

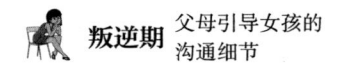

对学习始终满怀热情

女孩要想在学习方面有出类拔萃的表现，就必须对学习满怀热情。然而，大多数女孩对于学习都怀着复杂的感情，又是热爱，又是懊恼。这是为什么呢？因为学习不是一件容易的事情，更不是纯粹的享受。对待学习，女孩必须很努力地付出，才能有更好的表现。而且，学习不是一蹴而就就能取得成功的，必须坚持长久地付出，必须在遇到各种难关的时候依然坚持不懈，才能守得云开见月明。从这个意义上来说，女孩对学习始终满怀热情很难实现。但是，难以实现并不意味着无法实现，女孩只要认识到学习的意义，端正对待学习的态度，也对于自己的未来满怀憧憬和期待，并且从学习中获得成就感，找到小乐趣，就能保持热情。

正如人们常说的，兴趣是最好的老师。古往今来，无数成功的经验都告诉我们这句话绝对正确。虽然的确有些人在自己不感兴趣的领域，凭着努力和毅力取得了成功，但是如果在努力和毅力之外，再加上兴趣的助攻，那么就能更快地获得成功，也能获得更大的成功。这是因为只有对感兴趣的事情，女孩才会产生热情。众所周知，不管做什么事情都会遇到困难，当面对困难的时候，由兴趣激发的热情就会给予女孩强大的力量，让女孩拥有排除万难战胜困难的决心和勇气。显而易见，热情也是学习的动力源泉，热情将会为女孩提供持久的动力。

小学阶段，张晴的学习成绩始终出类拔萃，在班级里名列前茅。但是升入初中之后，张晴在学习上遇到很大的困难，导致学习的积极性受到打击，学习成绩也随之退步。在初一上学期的期末考试中，张晴在班级里位于后十名。这让习惯了张晴优秀的妈妈无法接受，为此妈妈狠狠地批评张晴，还责骂张晴。起初，张晴的确感到愧疚，但是随着被批评的次数越来越多，她对此越来越麻木，有的时候会把自己关在房间里不听妈妈唠叨，有的时候还会出言顶撞妈妈。妈妈更加生气，认为张晴就是出了问题，才会导致学习一落千丈。对于妈妈的恶言恶语，张晴居然做出了极端举动。看到张晴的举动，妈妈才意识到张晴并非不想好好学习，而是真的遇到了困难。妈妈陪着张晴去了心理门诊，心理医生经过问诊，诊断张晴有严重的厌学情绪和轻度抑郁症。医生建议妈妈要多多关心张晴，不要总是盯着学习成绩，而是要激发张晴的学习兴趣和学习热情。妈妈恍然大悟。

原来，自从升入初中，妈妈就不允许张晴学习绘画，也不让张晴跳舞了。张晴最喜欢绘画和舞蹈，一下子失去了兴趣爱好，又因为初中学习任务繁重，学习压力陡然增大，所以她才会情绪低落，对学习产生厌倦心理。妈妈不再只盯着张晴眼下的学习表现，而是又和以前一样支持张晴学习绘画和舞蹈，果不其然，张晴的脸上又露出笑容，对待学习也没有那么厌倦了。

谁还没有点儿兴趣爱好呢？对于每个人来说，兴趣爱好都是很重要的，因为能够帮助我们在紧张的生活中调节情绪，调剂气氛。作为父母，切勿把女孩当成学习的机器，恨不得让女孩把每分每秒的时间都用于学习。其实，女孩只有玩得好，才能学得好，女孩只有身心健康，才能端正态度对待学习。正如事例中张晴的妈妈，不由分说地就禁止张晴继续做喜欢的事情，张晴自然会闹情绪，有意见。明智的父母会大力支持女孩发展兴趣爱好，因为女孩有了喜欢做的事情，获得成就感，让生活更充实，才会充满动力和热情。退而言之，女孩即便长大成人，在紧张忙碌的工作之余，也可以发展兴趣爱好，缓解压力，何乐而不为呢？

很多细心的父母都发现，女孩在小学阶段学习表现很好，学习成绩也非常优秀和稳定。但是在进入青春期之后，女孩原本在学习方面所有的优势就渐渐地不那么明显了。这是为什么呢？因为女孩在小学阶段没有那么好动贪玩，所以更加专注于学习。但是在进入青春期之后，女孩的身心都处于飞速的成长之中，女孩的心理和情感也会有很多微妙的变化，情绪更是面临剧烈波动。这些因素都会影响女孩的学习状态。此外，初中课程的变化还会给女孩的学习带来很大困难，大多数女孩都不太擅长物理、化学等学科的学习，所以会产生挫败感，渐渐地开始厌学。越是发生这样的情况，父母越是要支持女孩，帮助女孩，而不要打击或者贬低女孩。否则一旦女孩彻底放弃学习，就会破罐子破摔，对学习失去热情和动力。显而易见，这对于改善女孩的学习情况是更加糟糕的。

一旦对学习失去兴趣，失去热情，女孩就会厌倦学习，对学习表现冷漠，并且做出相应的厌学行为。通常情况下，女孩只有对学习产生负面情绪，才会厌学。厌学的女孩认为学习枯燥乏味，因而对待学习非常被动，哪怕有疑问也不愿意主动提问，哪怕有进步的空间也不愿意努力进步。在此过程中，父母还会对女孩施加压力，希望女孩能够表现突出，成绩优异，这也会导致女孩厌学。总而言之，青春期女孩的心思非常细腻敏感，而且她们有很多不为人知的小心思。父母陪伴青春期女孩，不但要关注女孩的学习，更要关心女孩的心理健康和情绪健康。女孩只有身心健康地成长，才能保持愉悦的情绪，全面发展。所以父母的当务之急是保护女孩对于学习的兴趣，激发女孩对于学习的热情，唯有如此，才能让女孩发自内心地爱上学习，从学习中感受到乐趣。

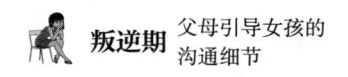

拒绝考试焦虑

很多女孩心理素质欠佳，她们平日里学习表现非常好，完成作业的质量也很高，一旦到了考试的时候，就会因为紧张而导致发挥失常。看到自己的考试成绩远远不如自己平日里的学习表现，她们往往感到沮丧，也会对自己感到失望，甚至是绝望。作为父母，当然也希望女孩能够超常发挥，而不是失常发挥，所以要帮助女孩一起分析出现这种情况的原因，这样才能针对具体的原因采取有效的措施。

通常情况下，女孩在考试中发挥失常，是因为她们有考试焦虑。说起焦虑，很多父母都不陌生，因为作为上有老、下有小的中年人，父母也时常会感到焦虑。那么父母就会知道，虽然焦虑情绪看起来比较平缓，不像冲动、愤怒等负面情绪那么强烈，但是焦虑情绪依然会在不知不觉间侵蚀女孩的心灵，使女孩的情绪很低沉，做事情的时候缺乏兴趣和热情。心理学家经过研究发现，大多数焦虑情绪都毫无意义，而且对于解决问题没有任何帮助。心理学家让参与焦虑实验的人把担忧的事情写在纸上，并且标注自己的姓名。然后，心理学家把纸条收上来统一存放。过了一段时间之后，心理学家又召集参与实验的人，把写满焦虑的纸条分发给他们。结果，只有一个受试者担忧的事情真的发生了，但是事情发展的趋势并没有因为他的紧张焦虑而发生任何改变，而其他受试者所担忧的事情都没有发生。由此，心理学家得出结论：焦虑对于事情的发生和发展不会产生任何影响，所以焦虑是毫无意义的。

如果把心理学家的结论运用于女孩的考试，女孩就该领悟一个道理：不管是否焦虑，学校里都会如期举行考试；不管是否焦虑，都无法额外地提升考试成绩，反而会使考试成绩更糟糕。既然如此，还有什么必要焦虑呢？坦然地迎接考试的到来，正如古人所说的，兵来将挡，水来土掩。只有怀着这样从容的心态，女孩才能在考试中超常发挥。

上个星期，楚楚参加了期中考试。早在考试之前半个月，楚楚就特别担忧自己的成绩。考试之后，楚楚的担忧丝毫没有减弱，反而更加强烈。她吃不下饭，睡不着觉，上课的时候常常打哈欠。爸爸看到楚楚的模样，还以为楚楚考试成绩不好呢，赶紧询问楚楚。楚楚告诉爸爸考试成绩还没出来，爸爸安慰楚楚："反正不管考得好不好，都已经考完了，还是踏踏实实地吃饭睡觉，继续努力学习吧！"楚楚也知道爸爸说的道理，但她就是焦虑。

几天之后，语文成绩出来了，楚楚的作文被扣掉了十几分，成绩很不理想。楚楚提心吊胆地等待着数学成绩出炉，又听到老师说数学成绩整体偏低，她更加寝食难安了。楚楚暗暗地想："我的语文成绩已经亮起了红灯，要是数学成绩也不好，这次肯定无法进入班级前十名了。"楚楚越是焦虑，越是精神恍惚，连上课回答问题都回答错误了。后来，妈妈知道了楚楚的担忧，耐心地劝说楚楚："楚楚，不要为打翻的牛奶而哭泣，也不要因为错过了太阳而哭泣，否则你就连群星也要错过了。一次考试不能代表什么，你只要全力以赴，无怨无悔，就可以借助于考试的机会查漏补缺，那么下次考试就会有更好的表现。我倒是认为你准备得很充分，是因为紧张焦虑才导致发挥失常的。"得到了妈妈的理解，楚楚这才略微放心。她决定以后考试一定要轻松镇定，再也不能紧张焦虑了。

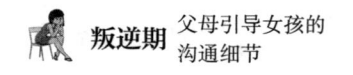

很多女孩都有考试焦虑的表现，一则是因为她们心理素质不好，一旦遇到大考就会担心自己的成绩，二则也是因为父母过于看重女孩的成绩，无形中就把紧张的情绪传染给了女孩，使得女孩在考试中发挥不稳定。其实，每次考试都是对于前一个阶段学习效果的检验，女孩也恰恰可以借助于考试这个机会对学习进行查漏补缺。想明白这个道理，女孩就不会在考试过程中过于焦虑了。

每个女孩考试焦虑的程度是不同的，有些女孩到了考试前夕就寝食难安，茶饭不思，严重影响正常的学习和生活；有些女孩只是略微有些紧张，其实适度的紧张反而有助于女孩保持良好的状态投入复习。父母要帮助女孩控制好情绪，做好充分的准备应对考试，这样女孩就不会因为考试到来而如临大敌。父母固然要关心女孩的学习，却也要注重提升女孩的心理素质，毕竟人生的道路很长，女孩未来还会面临很多重要的时刻，临场掉链子可是不行的呢！

不要总是盯着第一名

　　每个父母都望子成龙，望女成凤，因为现代社会中女孩和男孩一样被父母寄予殷切的期望，未来长大成人之后也要肩负起生活的重担。在这样的大环境之下，女孩承受的压力丝毫也不比男孩少。绝大多数父母都有一个没有说出口的愿望，即希望女孩在学习方面次次都能考取第一名的好成绩，成为不折不扣的学霸。那么，父母为何没有把这个愿望大张旗鼓地说出来呢？是因为父母心知肚明，并非每个女孩都是学霸，更并非每个女孩都在学习方面有独特的天赋。学习从来不是一件凭着主观愿望就能做好的事情，而是要靠着天时地利人和等诸多因素的共同作用才能有所成效的。最重要的在于，作为学习主体的女孩要热爱学习，也要会学习。

　　对待女孩的学习，有几个父母能够真正做到顺其自然、从容不迫的呢？父母恨不得能够代替女孩学习，也希望女孩的大脑变成无限存储的超强计算机，这样就可以在很短的时间内输入大量的知识。然而，这当然是不可能实现的。所以父母能做的就是采取各种方式督促和激励女孩，也委婉隐晦或者简单直白地告诉女孩自己的愿望，更有父母也卷起袖子和女孩一起在学习的征途中攻坚克难。总而言之，学习从来不是女孩自己的事情，而是全家人全力以赴的攻坚战。即便如此，女孩在学习上也未必能够如同父母所愿的那样取得大幅度进步，一举进入班级甚至年级的第一梯队。父母在失望之余，切勿指责女孩，而是要想一想问题到底出在哪里，也要认真分析自己和女孩要如何做才能取得

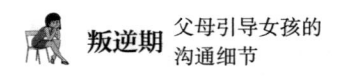

更好的学习效果。

> 佳佳是个认真刻苦的女孩，对待学习向来全力投入，一丝不苟。然而，谁说付出就一定会有回报呢？至少佳佳对这句话表示怀疑，因为专注学习的她一到考试的时候就会"现出原形"，她的考试排名对于她的努力程度而言就是一个讽刺。这不，在刚刚结束的月考中，佳佳的成绩还是很普通，佳佳万分委屈，愤愤不平，既担心让老师失望，又害怕被爸爸妈妈批评。佳佳无处倾诉，只好把自己的烦恼都记在日记中。其实，佳佳在小学阶段学习成绩还是很优异的，每次考试都位列班级前三名，还经常考取第一名呢。但是，在如愿以偿地进入重点初中开始崭新的学习阶段后，佳佳沮丧地发现自己与第一名彻底绝缘了。
>
> 当其他同学在操场上玩耍的时候，佳佳却留在教室里认真地背诵课文；当其他同学一起嬉笑打闹的时候，佳佳却坐在座位上默默地完成作业；当其他同学在假期里放飞自我的时候，佳佳却自愿留在家里埋头苦读……这一切都是因为佳佳想要继续成为爸爸妈妈的骄傲，而不想让爸爸妈妈感到失望。但是，佳佳在班级里的成绩始终不上不下，处于令人尴尬的中等水平。佳佳越来越焦虑，上课的时候常常走神，做作业也因为心神涣散而出错。直到接到老师的家访电话，爸爸妈妈才意识到佳佳升入初中之后，面临着前所未有的困难。妈妈心平气和地和佳佳讨论了学习的现状，也了解了佳佳的烦恼。得知佳佳是为了没有考取第一名而郁闷，妈妈对佳佳说："佳佳，你现在学习的环境和小学不同了。你进入的是重点初中，在这里，每个同学都是小学阶段的尖子生。这就意味着你的对手变得更加强大，所以你很难像在小学阶段那样轻轻松松就考取好名次。你要接受这样的状态，因为未来你升入重点高中，考入名牌大学，就会越来越发

> 现自己很普通，这是因为你的同学都是过五关斩六将层层选拔出来的。明白吗？"妈妈的一番话让佳佳恍然大悟，她拍打着脑袋笑着说："妈妈，你这么说，我就能接受自己不是第一名了。小学阶段没有选拔，我的同学学习成绩参差不齐，但是能够进入重点初中的同学，都是在小升初考试中出类拔萃的，所以他们和我一样优秀，或者比我更加优秀。"妈妈笑着点点头，继续说道，"的确如此，正是这个道理。不过，你还是要继续努力，不与别人比，而和自己比，只要有进步就好。"佳佳重重地点点头。

进入青春期，很多女孩都面临学习的困扰，她们虽然一如既往地努力学习，学习成绩和学习排名却比小学时候有所退步。实际上，女孩要调整好心态，端正学习态度，认识到自己开始与更加优秀的人为伍。当然，也有一些女孩学习成绩下滑是有客观原因的，如她们没有养成良好的学习习惯，无法适应初中阶段的学习节奏等。这些因素都会影响女孩的学习表现，也会使女孩的学习成绩出现波动。

其实，学习方面有波动是正常的现象，只要波动的幅度在正常范围内，女孩完全无需紧张。所谓考试，就是对此前的学习进行检验，如果能够暴露出问题，那么女孩恰好可以借助这个机会弥补短板。反之，如果事实证明女孩学习的效果非常好，那么女孩就要再接再厉，继续努力。对于学习，女孩要养成良好的学习习惯，也保持笃定的心态，这样才能在成绩波动的情况下一如既往地努力，也才能在一次次小小的挫折中变得越来越坚强。

具体来说，要想让女孩距离第一名越来越近，父母就要帮助女孩养成良好的学习习惯。

首先，抓住课堂上的时间，专心致志地听讲，接受、理解和消化老师在课堂上讲述的所有内容，并且做好笔记。

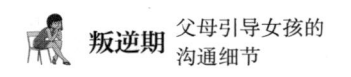

其次，课前预习，课后复习，举一反三。学习不是一个独立的片段，而是一个具有很强连续性的过程，女孩要做好学习的每一个步骤，才能如愿以偿地获得更多的成果。例如，在开始学习新课之前，女孩要坚持预习，这样才能对次日要学习的知识有所了解，也才能带着疑问听老师讲课。只有预习还不够，女孩还要坚持及时复习，对于没有掌握牢固的知识，更是要反复地复习，最终达到熟记于心的目的。

最后，不要满足于课本上的知识，而是要坚持养成阅读的好习惯，这样才能在学习之余阅读更多的书籍，拓宽自己的知识面，让自己更加博学。有些父母会担心女孩看课外书浪费时间，耽误校内课程的学习，这样的理解太过片面和狭隘了。知识是需要融会贯通的，无论是课内还是课外的知识都会给女孩的成长以助力。古人云，开卷有益，这句话非常有道理。

当然，要想考取第一名，还需要女孩做出更多的努力。当然，即使没有考取第一名，只要女孩养成了良好的学习习惯，掌握了很多有用的知识，那么就是最好的收获。不管是女孩还是父母，都要把学习和成长放在第一位，而不要总是盯着第一名。从某种意义上来说，一次考试的名次并不代表什么，女孩能够做到坚持学习，求知若渴，才是最重要的。

与老师保持良好关系

女孩的心思你别猜,你猜来猜去也猜不明白。其实,应该在女孩前面加上定语,即青春期女孩的心思你别猜。在青春期,女孩非常敏感,情绪也会出现波动,因而她们往往会没有理由地喜欢一个人,也常常会毫无缘由地讨厌一个人。当然,并非真的没有原因,女孩的情绪波动背后是她们的直觉和感受。正是因为如此,女孩厌学才有了一个虽然不尽合理却让人无法反驳的理由,即讨厌某一门科目的老师。

如果父母是特别理性的人,当听到女孩说因为讨厌某位老师而学不好某门课程的时候,一定会感到难以置信。父母马上就会对女孩讲大道理:"学习是你自己的事情,是关系你前途和命运的大事,你怎么能因为讨厌老师,就讨厌一门课程呢?"有的父母还会想得更加长远,质问女孩:"将来,你会遇到你不喜欢的上司,会遇到你不喜欢的同事,难道你就要因此而换一份工作吗?这个世界上,怎么可能所有人都得到你的喜欢,当然,你也不会得到所有人的喜欢,所以人与人之间相处需要彼此适应。"对于父母头头是道的话,女孩或许会听见,却不会照办。

面对女孩厌学的理由,父母尽管觉得荒唐怪诞,也不能一味地责怪女孩,因为责怪女孩并不能让女孩心甘情愿地喜欢上她所讨厌的老师。明智的父母会控制自己暴怒的情绪,耐心地给女孩做思想工作,还有些父母会当即就采取有效的措施,帮助女孩和老师保持良好关系。没错,既然不能一下子认可老师，又必须要和老师捆绑在一起度过或长或短的时间，那么就争取在相处中建立良好的关系。

在所有课程中，杨浩在英语学习方面最差。其实，杨浩在升入初三之前还是很喜欢英语的，在英语学习方面也很有方法。但是，升入初三，杨浩发现换了新的英语老师，这让她感到特别伤心，因为她很喜欢之前那位英语老师。有一次，杨浩上英语课的时候开小差了，英语老师发现之后故意喊杨浩回答问题，结果杨浩张口结舌，压根不知道老师提问的是什么问题。可想而知，老师借此机会狠狠地批评了杨浩一通。从此之后，杨浩就不喜欢新来的英语老师了。

很快，进行了期中考试。爸爸看到杨浩的英语成绩一落千丈，纳闷不已，追问杨浩到底发生了什么事情。起初，杨浩还支支吾吾地找各种理由和借口，但是都没有成功地敷衍爸爸。最终，杨浩说出了真实的原因。爸爸劈头盖脸地数落杨浩，认为杨浩太过矫情。杨浩气得和爸爸大吵一架，妈妈得知情况后还算理解杨浩，她耐心地对杨浩说："杨浩，你很喜欢班级里的其他老师，所以不可能调班级，否则就太冒险了。但是，学校也不可能因为你不喜欢这个英语老师，就给你换老师。看起来这个问题无解，我倒是认为解铃还须系铃人。起初，你只是不喜欢这个老师，就是因为老师批评了你。你不妨换位思考一下，如果你是老师，发现有同学在课堂上走神，你会怎么做呢？"妈妈的话使杨浩陷入了沉思，她仿佛有些理解老师了。看到杨浩的态度有所缓和，妈妈乘胜追击，继续说道："你现在已经初三了，千万不要因为一些无关紧要的事情影响学习。妈妈给你出个好主意吧，那就是想办法和老师搞好关系。俗话说，伸手不打笑脸人，你只要亲近老师，在学习上也做得更好，老师一定会喜欢你。"恰好不久后就

> 是国庆节和中秋节，在妈妈的建议下，杨浩亲手给老师制作了月饼当礼物，老师看到杨浩的用心，非常开心。渐渐地，杨浩与老师的关系越来越好，她的英语学习也突飞猛进。

人与人之间的感受是相互的。对于那些讨厌我们的人，我们自然也爱不起来。而对于那些喜欢我们的人，我们即使一开始不喜欢，也会在对方的示好之下，渐渐地对对方产生好感。从这个角度来说，女孩只要愿意，也用心去做，就能与老师建立良好关系。

很多女孩在升入初中后都觉得学习难度越来越大，尤其是对于那些新增课程，女孩学习过程中更是容易遇到困难。为了帮助女孩渡过难关，父母要多多关注女孩的学习情况，也要给予女孩一定的支持和助力，让女孩尽快地跟上各个科目的学习进度。否则，女孩既有可能因为不喜欢某位老师而讨厌某门课程，还有可能因为学不好某门课程而疏远某位老师。

不管在学习上遇到怎样的困境，父母都要告诉女孩一个道理，即学习任何课程都是为了自己，还要帮助女孩调整好心态与老师相处，让女孩牢记老师的初心是为了教好每一位学生，也让每一位学生都有好前途。所以女孩要勤于和老师沟通，切勿带着对老师的误解疏远老师。

与此同时，不管是女孩还是父母，都没有必要神化老师。老师是人，有血有肉有感情，也会有缺点和不足。但是，老师肩负着传道受业解惑的重任，是学生的引领者和指路人。因而，不管在什么情况下，女孩都要尊重老师，也要积极地与老师沟通。作为学生，不可能去挑选老师，那么就要学会适应和接受老师。古人云，金无足赤，人无完人。既然我们作为学生是不够完美的，又为何苛求老师绝对完美呢？所以女孩对待老师要宽容，要理解，也要能够在考虑问题的时候权衡利弊，做出明智的决策。

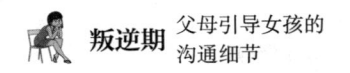

点燃梦想，让学习始终充满动力

说起梦想，很多父母都会感到迷惘，因为他们刚刚走过了没有梦想的大半生。正是因为如此，他们并没有意识到梦想对于女孩的重要性，反而认为女孩只有脚踏实地地学习，人生才会有出路。父母这样舍本逐末的做法，对于激励女孩的效果微乎其微。父母要知道，唯有点燃梦想，女孩才会自发地学习，才会充满学习的动力。否则，哪怕父母整日逼着女孩学习，女孩对待学习也会很懈怠，只能处于被动的状态，被父母推动和督促着以蜗牛的速度缓慢前行。相比之下，那些拥有梦想的女孩，则就像是开了挂一样充满动力，勇往直前。

前几年，电视剧《小别离》热播，引起了无数父母的共鸣。很多父母一边看着《小别离》，一边暗暗想道："哎呀，这是谁啊，把我现在的生活搬上了屏幕，把我对女孩的爱刻画得如此深刻。"电视剧里的父母正在告诉女孩考入重点高中很重要，坐在电视机前面的父母则频频地点头，恍惚以为自己找到了知己。然而，《小别离》可不仅仅是为爱女深切的父母代言的，它也揭露了如今家庭教育的矛盾现状，引导无数父母开始思考：我们应该逼着女孩勤奋苦学吗？我们问过女孩想要怎样的生活吗？我们如何才能更好地与女孩相处呢？这一连串的问题戳中了无数父母的痛点，让父母在自我感动之余也忍不住反思自己对女孩的教育。

无论如何，没有父母希望自己家的女孩比不上他人。为此，他们一边反思，一边心疼女孩，也一边又开始逼迫女孩学习。这就是现实的残酷。虽然所有的父母都知道女孩的健康快乐比学习更重要，但是他们都无法当淡定的父母，而只能被严重内卷，且只能从女孩身上着手消除差距。不可否认的是，的确有些父母通过逼女孩学习，让女孩成人成才了。但是，青春期的女孩未必能够理解父母的苦心，青春期的女孩更是叛逆和敏感兼具，所以父母在逼女孩学习的时候必须掌握正确的方式方法，也要把握合适的限度。然而，逼迫的效果尽管立竿见影，却只能维持很短暂的时间。父母要想一劳永逸地解决女孩的学习问题，与其时时刻刻逼迫女孩，不如致力于点燃女孩的梦想，这样女孩才会发自内心地认识到学习的重要性，也心甘情愿地努力学习。

> 15岁的安安正在读初三，处于学习上的关键时期。原本，她应该全力以赴投入学习，为了迎战中考做准备，但是她却对学习感到兴致索然，甚至想要放弃努力，不再奢望考入重点高中。这是为什么呢？原来，安安突然之间觉得学习毫无意义，也觉得学习那些枯燥乏味的知识和生活毫不相干。她对妈妈说："妈妈，学习这么辛苦，我不想学习了。如果学习的目的是将来过上好日子，我为何不现在就做自己喜欢的事情呢？"
>
> 妈妈知道安安这是感到累了，因而安抚安安："安安，如果人生的路只有脚下这一段，我们的确可以得过且过，无需过度努力。但是人生的路很长，没有人知道人生的终点在哪里。然而，适合学习的黄金时间却很少。一个人如果不趁着青春年少努力学习，将来年纪大了，没有一技之长，无法谋生，想要学习却记忆力衰退，那就糟糕了。反之，如果能够吃苦在前，先掌握很多知识和技能，那么到了未来就可以为自己创造更好的生活，到了晚年就可以安然享受，这样不好吗？"安安对妈妈的话似懂非懂，她嘀咕道："可是，我还是觉得学习没有意义。"妈妈笑起来："学习的意义对于每个人都是不同的，这就像是对于幸福的感受也是仁者见

> 仁，智者见智。有人喜欢当官，有人喜欢发财，有人喜欢做学问，这都是人不同的志向而已。所以你要为自己找到学习的意义，如你喜欢汽车，是否可以当汽车设计师呢？"安安恍然大悟，说道："我更想当医生，救死扶伤。"妈妈对安安竖起大拇指，由衷地赞叹道："这是多么伟大的志向啊，这就是你学习的意义啊！"自从确立了当医生的梦想，安安对待学习的热情空前高涨，妈妈欣慰极了。

每个女孩都要认识到，学习是为了自己，是为了自己的未来，也是为了自己的人生。所以父母固然心急，也不要一味地逼迫女孩，而是要耐心地引导女孩深入地思考学习的意义，思考人生的价值，也确立远大的梦想。具体来说，父母要做到以下几点，才能点燃女孩的梦想。

首先，告诉女孩必须努力学习，才能实现梦想。很多女孩都好高骛远，她们可以流畅地说出一连串的梦想，却不愿意花费任何时间投入学习。这样的女孩是不折不扣的空想家，她们只会把梦想变成空想，而很难真正地实现梦想。唯有让女孩知道努力学习是实现梦想的唯一途径，女孩才会更加全力以赴地投入到学习之中。

其次，对女孩进行吃苦教育。如今，太多的女孩都是享福太多，吃苦太少，所以她们才会对父母提出各种要求，而很少想到父母多么辛苦才能供养她们长大。为了让女孩认识现状，父母要有意识地带着女孩去吃苦，让女孩知道没有知识作为人生的支撑，她们未来将会过得多么辛苦，也让女孩真正明白，现在吃苦只是苦一阵子，现在不吃苦却会苦一辈子。

最后，和女孩一起看名人传记，或者一起了解偶像的奋斗史，让女孩知道没有谁的成功是从天而降的，每个人都必须走过最艰难的时刻，熬过黎明之前最黑暗的时刻，才能迎来光明，也才能让自己的未来充满阳光。

梦想是人生的指明灯，只有在梦想的指引下，女孩才不怕吃苦，不怕受累，也才能够在遇到困难的时候迎难而上，在遭遇苦难的时候咬紧牙关坚持。有了梦想，女孩不会觉得努力奋斗很难，反而会因为自己距离梦想越来越近而倍感欣慰。

学会比较

很多女孩都有一个噩梦,那就是别人家的女孩。原本,她们与别人家的女孩并不相干,但是当父母总是把她们与别人家的女孩相比较,并且以此贬低她们时,她们就会对别人家的女孩心生抱怨。其实,父母的心思很简单,他们只是想以这样的方式说明别人家的女孩多么优秀,从而给自己家的女孩造成巨大的压力,再让自己家的女孩把压力转化为动力。如果事情真的有父母想的这么简单,那么相信天底下也会少很多平庸的父母,因为父母理应以别人家优秀的父母为自己的标杆,从而不断地提升自我,让自己变得更加出类拔萃。遗憾的是,父母并没有这么做。或许作为父母的确羡慕过那些比自己成功的人,但是却因为自己距离成功遥遥无期,也不具备成功的潜质,就在不知不觉间说服自己放弃了。试问:如果女孩把父母拿去和别人家优秀的父母比较,那么父母会作何感想呢?父母一定很不开心。古人云,己所不欲,勿施于人,既然如此,父母也不应该把自己家的女孩与别人家的女孩比较。

把自己家的女孩与别人家的女孩比较,原本就是不公平的。这是因为每个女孩的天赋不同,成长环境不同,教育经历不同,脾气秉性不同,最重要的是父母也不相同,所以女孩之间原本就是没有可比性的。不但不同人家的女孩没有可比性,就算是同父同母的兄弟姐妹之间也没有可比性,俗话说,十个手指头还有长有短呢。评价不同的女孩,要因人而异制订不同的标准。所以明智的父母不会这样对女孩进行横向比较,而是会对女孩进行纵向比较。所谓纵向比较,是与横向比较相对而言的。横向比较是把不同的女孩放在一起比较,而纵向比较是把女孩的今天与昨天比较,把女孩的现在与过去比较,看看女孩是否有进步和改变。这样的比较方式更为客观合理。举个简单的例子来说,如果把考60分的女孩与考100分的女孩放在一起比较,考60分的女孩必然感到自卑。如果女孩这次考了60分,父母能够看到女孩和上次的50分相比有了进步,因而激励女孩,那么女孩就会形成自信。显而易见,横向比较适用于所有的女孩,是更加合理且有效的。

太多的父母都喜欢把女孩的成绩拿去与那些学霸或者尖子生相比。长此以往,女孩原本就缺乏自信,会因此而变得更加自卑。尤其是青春期女孩特别敏感,很多女孩本身也会把自己与其他同龄人比较。那么父母要做的是激励女孩,而不是打击女孩。

> 在这次考试中,彤彤考了78分。她很开心,因为她上次只考了65分,可是提高了13分。彤彤兴高采烈地拿着成绩单回家,原本是想让妈妈高兴,却没想到妈妈看了一眼成绩单,就以鄙夷的语气对彤彤说:"彤彤啊彤彤,看来我想指望着你给我脸上争光是不可能了,就你这个进步的速度,还需要多少年呢!你看看人家倩倩,次次考试不是第一,就是第二,我怎么就没有好运气生出倩倩那么优秀的女孩呢!"妈妈的话如同一盆冷水,浇灭了彤彤心中的希望。她沮丧地回到房间,连晚饭都没有吃。
>
> 直到次日,彤彤还是蔫头耷脑的。爸爸看到彤彤的样子,还以为彤彤这次考试不及格呢。得知彤彤的成绩,爸爸开心地对彤彤说:"彤彤,你这次进步特别大。你看看,从65分到78分,你是不是你们班级进步幅度最大的同学了?"爸爸的惊喜感染了彤彤,彤彤这才委屈万分地说:"但

> 是，妈妈说我进步太慢了。"爸爸看出彤彤很失落，因而对彤彤说："哎呀，妈妈这是想要弥补自己的遗憾。你可知道，妈妈当初只能考50分，及格就是胜利。你呀，可真是比妈妈强多了。"虽然彤彤知道爸爸是在调侃妈妈，但她还是很激动地说道："哇塞，看来我打败了基因。"有了爸爸的鼓励，彤彤当即表态："爸爸，我争取下次考到80分以上。"爸爸说道："嗯嗯，能考到80分以上当然好，如果考不到，只要你尽力了就好。就算多考1分，也是进步！"

显而易见，妈妈采取横向比较的方法，精准地打击了彤彤的积极性和自信心，如果不是爸爸及时地以纵向比较的方式鼓励彤彤，也许彤彤都提不起信心来继续努力了。作为父母，对女孩怀有殷切的期望固然好，却不要对女孩提出不切实际的要求。当父母以自家女孩的缺点与别人家女孩的优点比较时，女孩就会很自卑，看轻自己；当父母以自家女孩的优点与别人家女孩的缺点比较时，女孩又会盲目自信，骄傲自大。还有些女孩心思细腻，总是听到父母当着自己的面夸赞别人家的女孩，她们误以为父母并不喜欢自己，而喜欢别人家的女孩呢，这会使女孩缺乏安全感，内心忐忑不安。

明智的父母绝不随意打击女孩的自信，损伤女孩的自尊，相反，他们会抓住各种机会认可女孩的表现，给予女孩鼓励和赞扬，也会给女孩打气鼓劲。具体来说，父母要做到以下几点。

首先，父母要无条件接纳女孩，也要看到女孩的与众不同之处。每个女孩都是独立的生命个体，父母一定要看到女孩的与众不同之处，才能发自内心地欣赏女孩。

其次，父母要有善于发现的眼睛，这样才能看到女孩的闪光点，给予女孩真诚的赞美。

再次，父母要全面评价女孩，而不要以分数作为唯一标准评判女孩，否则就会片面，对女孩有失公允。

最后，不管女孩的成绩是高还是低，父母都要及时给予女孩积极的回应，既不要因为女孩考取高分而过于捧高女孩，使女孩骄傲，也不要因为女孩考取低分而过于贬低女孩，使女孩自卑。没有父母是绝对完美的，也没有女孩是绝对完美的。父母与女孩有缘分相伴一程，父母要给予女孩最好的爱，这样女孩才能更加幸福快乐。

第五章

好习惯助力学习，优秀的女孩自觉主动不用催促

青春期女孩学习压力很大，学习任务繁重，如果没有良好的习惯作为助力，她们哪怕很努力，也未必能取得好的学习效果。有些女孩有各种各样的坏习惯，比如拖延，今天能完成的事情非要等到明天才去做，而到了明天，又因为各种突发情况忙得焦头烂额；比如粗心，明明可以一步到位高效率地完成作业，却因为粗心大意导致错误频出，只能返工，反而花费了几倍的时间。

争分夺秒，不让时间偷偷溜走

　　一个人每时每刻都在呼吸着新鲜空气，所以他们对于空气的重要性浑然不觉，直到在某个时刻险些窒息，他们才发现原来最不可缺少的生命材料不是阳光、水、食物，而是空气。一个人在不吃不喝的情况下也可以存活好几天，而一个人如果没有空气，短短的几分钟就会因为窒息而死亡。同样的道理，我们不管做什么事情都需要花费各种各样的成本，而当说起做事情的成本时，大家众说纷纭，有人说金钱最重要，有人说知识和技能不可缺少，有人说要想成功必须有好的机遇，也有人说一个好汉三个帮，遇到贵人相助成功就能事半功倍。然而，很少有人说起，不管做什么事情，都需要时间成本。正如大文豪鲁迅先生所说的，时间是组成生命的材料，浪费时间就等于浪费生命。换而言之，一个人就算能力很强，得到了好的机遇，如果生命即将终止，那么他也再没机会实现自己的伟大志向。正是因为如此，那些追逐成功的人才会感叹时间过得太快，他们想方设法地节省时间，无非就是为了把时间牢牢地抓在手里，不让时间悄然流逝。

　　既然做所有的事情都需要时间，那么女孩学习当然也需要时间。说起时间，父母最深刻的感触就是女孩写作业为何那么慢呢。尤其是在进入青春期之后，女孩正在读初中或者高中，学习任务越来越重，作业越来越多，完成作业所需要的时间也就更长了。这使得很多女孩往往要到半夜三更才能完成所有的作业，然后才昏昏沉沉地进入梦乡，就又要起床去学校早读了。父母既心疼女

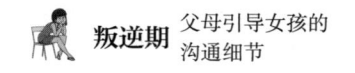

孩，又希望女孩能够提高效率，尽早完成作业。要想实现这一点，依然需要从时间方面着手。

才升入初一，雨涵妈妈就开始焦虑起来。原来，雨涵每天晚上都要到10点半之后才能完成作业，有的时候还要到11点多甚至12点。看到雨涵早晨睡不醒、哈欠连天的模样，妈妈心疼不已，又想到这才上初一就如此透支精力，将来升入初二初三怎么办呢？有一天晚上，雨涵直到12点半才完成所有的作业，困倦得趴在桌子上就睡着了。妈妈再也忍不住，怒气冲冲地给老师打电话，询问到底布置了多少作业。老师带着梦意的声音传来，让妈妈更加气愤难耐，当即指责老师不把女孩当成人。老师听到雨涵妈妈怒气冲天，睡意全无，了解了情况后，当即答应雨涵妈妈次日就去学校调查各科老师的作业量，再给她回复。

次日，老师不仅询问了各科老师的作业量，而且还调查了全班同学的情况，询问他们通常几点完成作业。结果，只有包括雨涵在内的三个同学要到11点之后才能完成作业，大部分同学都在9点前后完成作业。老师委婉地把情况告诉雨涵妈妈，又善意地提醒道："雨涵妈妈，您看看雨涵完成作业的时候是否专注，她有没有开小差做其他事情，还是遇到了不会做的题目卡住了。雨涵全神贯注地完成作业，将会大大提高效率，对于短时间内想不出来的题目，可以暂时放一放，等到完成所有作业再视情况决定是否继续思考。"雨涵妈妈对老师的回答显然很不满意，但是既然大多数同学都能按时完成作业，她只好先观察雨涵做作业的表现。结果，妈妈发现雨涵写作业的时候太拖延了，一会儿玩玩橡皮，一会儿拿起手机看一看，结果一个小时过去，连一项作业都没有完成，而那项作业原本十分钟就可以完成。妈妈找到了原因，当即督促雨涵加快速度完成作

> 业。但是，雨涵一直以来都很拖延，已经成为习惯了，无奈之下，妈妈只好坐到雨涵身边盯着雨涵，即便如此，也无法控制雨涵发呆。

老师说得很对，能否专注地完成作业，导致效率相差很大，完成作业的时间更是相差悬殊。每个女孩的自律性是不同的，有些女孩自律性很强，因而能够管理好自己，全心投入作业。有些女孩自律性很差，常常三心二意开小差，看似正坐在书桌前完成作业，实际上不知道在做什么呢。父母要有意识地培养女孩的自律性，让女孩学会自我管理，这样女孩在学习的过程中就能做到珍惜时间，争分夺秒。

需要注意的是，像雨涵妈妈那样坐在雨涵面前是不可取的，因为父母越是看管女孩，女孩越是依赖父母的管教，自然无法形成自律性。父母可以制订很多规则，让女孩放学回到家里就专注地完成作业。虽然养成习惯的过程是漫长且痛苦的，但是习惯一旦养成，就会一劳永逸，所以父母要致力于帮助女孩养成习惯。当然，女孩的自控力毕竟有限，只靠着女孩的自我管理能力还是不够的，还需要各种规定的辅助作用。具体来说，父母要从以下几个方面管好女孩。

首先，很多女孩放学回到家里不是要吃喝，就是要玩乐，从来不会第一时间就完成作业。那么父母要规定女孩一回到家就先写作业，写完作业才能做其他事情。当女孩形成这个好习惯，父母再也不用反复地催促女孩抓紧时间完成作业了。

其次，父母要为女孩提供良好的学习环境，清除女孩书桌上和房间里与学习无关的用品，这样女孩即使想做一些小动作，也没有了可用的物品。尤其需要注意的是，切勿把手机留在女孩的身边，否则女孩随便浏览几个网页或者看几个小视频，时间就悄然流逝了。

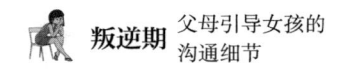

再次，父母要督促女孩制定作业计划，并且规定完成具体作业的时间。限定时间，是帮助女孩排除干扰，保持专注的好办法。这是因为限定时间会带给女孩紧迫感，使女孩必须全力以赴才能在规定时间内完成特定作业。

最后，学习要劳逸结合，才能事半功倍。如果女孩在疲惫的状态下学习，那么学习的效率就会大打折扣。人们常说，磨刀不误砍柴工。所以女孩要得到充分的休息，才能精神饱满地投入学习之中，也才能保证学习取得良好的效果。在完成作业的过程中，为了保持良好状态，不要让女孩休息太长的时间，可以在每个小时中休息5~10分钟，这样既有利于女孩保持专注，又可以让女孩得到休息，可谓一举两得。

学习是一场持久战，在短时间内就大获全胜是根本不可能做到的，但是这也并不意味着可以浪费那些零碎的时间，更不意味着无需争分夺秒。父母一定要培养女孩的时间意识，也要帮助女孩形成时间观念，还要助力女孩制订时间计划。如此三管齐下，相信女孩一定会在时间管理方面表现更好！

习惯性拖延并非无药可治

说起女孩的拖延症，很多父母都感到特别头疼。他们不明白女孩平日里乖巧可爱，为何到了做一些事情的时候，就会推三阻四呢。尤其是看到女孩不分事情的轻重缓急，一味地拖延时，他们更是恨不得代替女孩去做好所有的事情。其实，女孩之所以拖延，是有原因的，即女孩已经形成了习惯性拖延。太多的女孩不管做什么事情都"拖"字当头，除了拖延，她们似乎没有其他的好对策。而当因为拖延导致严重的后果时，束手无策的她们又只能等着父母来为自己摆平。由此一来，女孩就会陷入恶性循环之中，一则是面对各种事情继续拖延，二则是逃避责任，依赖父母帮助她们解决难题。

在处理很多生活事务的时候，女孩的拖延习惯并不明显，也是因为生活事务并不那么紧急，所以通常不会引起严重的后果。但是，在处理学习问题的时候，女孩如果继续拖延，那么就会使自己在学习上处于被动。众所周知，学习是一场持久战，需要女孩长期努力，坚持不懈，才能积少成多，有所收获。如果女孩平日里对待学习三心二意，对待老师布置的作业常常不能按时完成，那么就会使学习积累很多的难题，最终由量变引起质变，使得女孩学习下降。也有的女孩对此不以为然，认为只要在考试之前进行突击复习，临时抱佛脚总是有用的。其实，这样的想法大错特错。对学习欠债，债务少的时候还有可能还清，一旦债务如同滚雪球一样越来越大，那么就很难还清。这会使女孩感到紧张焦虑，又因为学习成绩大幅度下滑，而承受压

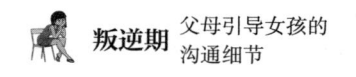

力。父母一定要督促女孩养成今日事今日毕的好习惯，才有助于女孩戒掉拖延。

很多父母和女孩都不重视拖延的坏习惯，认为只要有意识地加快速度，就能成功地戒除拖延的习惯。事实并非如此。心理学家经过研究发现，拖延的危害极其严重，绝非延误一些事情那么简单，这还会挫伤女孩的自信，也会使女孩陷入焦虑之中。当女孩习惯于拖延，还会逃避现实，不能进行理性的思考时，生活也会因为拖延的侵蚀而变得一团糟糕。因而父母和女孩都要重视拖延，也要齐心协力地战胜拖延。具体来说，父母可以采取以下的措施，有效地帮助女孩戒除拖延。

首先，培养女孩自觉主动的好习惯，而不要总是催促女孩。很多父母误以为只要经常催促女孩，女孩就能加快速度。实际上恰恰相反，父母越是催促女孩，女孩的自觉性和主动性也就越差，这是因为她们会对父母的催促形成依赖性，因此对于很多事情都漫不经心，只等着父母催促。

其次，培养女孩的责任意识，让女孩主动承担责任。拖延总是会产生一定的后果，父母与其对女孩唠唠叨叨，不如让女孩承担拖延的后果。如果只是口头上告诉女孩拖延的后果很严重，女孩并不会在乎，而当亲身承受拖延的后果之后，女孩对此一定印象深刻。

再次，教会女孩迎难而上。很多女孩之所以拖延，是因为有很强烈的畏难心理。她们害怕面对困难，因而在此之前就先选择逃避。在这么做的时候，她们固然彻底地避免了失败，却也彻底地与成功绝缘。父母要努力消除女孩的畏难心理，让女孩充满信心和勇气，朝着困难迎头赶上。其实，逃避永远也不可能解决问题，反而会因为耽误了最佳时机，而导致问题变得更加棘手和难以解决。认清楚这个道理，相信女孩很快就会主动起来。

最后，不要苛求完美。太多的女孩都是完美主义者，她们不管做什么事情都追求完美，想要做到无可挑剔，却忽略了世界上根本不存在完美的人或者事情。当过度追求遥不可及的完美，女孩就会因为一些细节而浪费宝贵的时间，还会因此而推翻自己此前的努力，一遍遍地重来当然也是对时间的极大浪费。为了避免女孩有过度追求完美的倾向，父母不要对女孩提出过高的要求，也不要总是对女孩吹毛求疵，这样女孩才能内心轻松，全力以赴地追求做到最好。

补足短板，不再受限

前文说过，有的女孩之所以会厌学，其实是有很多原因的。例如，女孩不喜欢某门课程的老师，女孩在某门课程的学习上遇到了困难，女孩不太擅长某门课程的学习等。这些原因使女孩出现畏难心理，也使女孩在学习的道路上打起退堂鼓。父母要想改变女孩厌学的情况，就要找出女孩厌学的根本原因，从而针对具体的原因来解决问题。一旦确定了女孩是因为不擅长某门课程的学习，或因为遭遇重重困难而厌学，那么父母就要致力于帮助女孩补足短板。

俗话说，金无足赤，人无完人。这句话告诉我们，每个人都有自己的优势和特长，也有自己的劣势和不足。这就意味着女孩哪怕独具天赋，在学习方面拼尽全力，也有可能出现弱势。即便如此，女孩也不要灰心沮丧，而是要积极地弥补短板，使得自身的发展不再受到短板的局限。

> 欣欣刚刚升入初一，原本还在担心自己能否尽快地适应初中生活，却惊喜地发现自己压根不需要适应，反而在初中校园里如鱼得水。尤其是语文学科更是欣欣的优势所在，欣欣从小就喜欢看书，积累了丰富的课外知识，因而进入初中的大语文环境中，显现出极大的优势。在开学不久的摸底考试中，欣欣的语文成绩位列全年级第一，这极大地鼓舞了欣欣，让欣欣对于初中学习满怀信心。然而，随着学习难度的增加，欣欣在数学学习方面表现出很大的劣势。她的数学成绩每况愈下，这让她万分焦虑。到了

初二，欣欣的数学成绩更是从八十多分降到了七十多分，眼看着距离跌破及格线不远了。为此，欣欣向爸爸妈妈求助，爸爸妈妈却说："没关系，初二原本就是各学科难度增大的爬坡时期，你只要坚持不懈，总能追赶上来。"但是，父母却忽略了初二是整个初中的关键时期，一旦学习上出现巨大退步，就会打击女孩的自信。渐渐地，欣欣对学习失去信心，其他科目的学习也呈现出下降的趋势。

在初二的期末考试中，欣欣的数学彻底跌破及格线。欣欣灰心丧气，提出不想考高中，而要考职业技术学校。这才引起爸爸妈妈的重视，当即询问欣欣是否愿意参加补习班，提升数学成绩。欣欣说道："班级里很多同学从初一开始就在上数学补习班，我原本就基础差底子薄，现在才开始上，恐怕来不及了。"爸爸鼓励欣欣："没关系，只要开始努力，任何时候都不算晚。而且，你的数学成绩落后并不怪你，是爸爸妈妈疏忽大意了。我们一起努力，一起加油，好不好？"爸爸妈妈费尽口舌，才终于说动了欣欣。爸爸当即四处打听，为欣欣报名了最好的课外补习班。经过一个多学期的努力，在初三上学期，欣欣的数学成绩得到了大幅度提升，欣欣开心极了。

如果欣欣的数学成绩始终不及格，那么她非但很难考上高中，而且连考入普通的职业技术学校也很困难。正如爸爸所说的，是爸爸妈妈的疏忽导致欣欣的数学成为短板。在心理学领域，有一个著名的理论，叫作木桶理论。木桶理论告诉我们，一个木桶到底能容纳多少水，并非取决于木桶最长的木板，而是取决于木桶最短的木板，因而木桶最长的木板会受到短板的限制，使得木桶很难发挥作用。对于女孩而言，在全面发展的要求之下，如果偏科严重，或者某门学科成为显而易见的短板，那么同样会使女孩的整体发展受

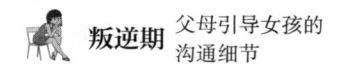

到局限。

当然,父母也无需因为女孩偏科而感到过于担忧。事实告诉我们,有很多青春期女孩都存在不同程度的偏科现象。如果偏科不那么严重,那么女孩只需要在学习过程中合理地分配时间和精力,有所侧重即可。反之,如果偏科非常严重,那么女孩就需要积极寻求外部帮助,这样才能更快地弥补短板。

作为父母,要想帮助女孩尽快地补足短板,就要分析女孩出现偏科现象的原因。有些女孩对学习上呈现弱势的科目失去兴趣,因而陷入恶性循环之中,越来越不想在相应的科目上投入精力,也就导致该科目的成绩更加糟糕,那么父母要激发女孩的学习兴趣,引导女孩学以致用等。在家庭生活中,很多女孩受到爸爸妈妈的职业影响,如妈妈是作家,女孩更喜欢阅读和写作,爸爸从事互联网工作,女孩对数学、计算机等学科更加感兴趣。从这个意义上来说,在教育女孩的过程中,父母要有意识地培养女孩全面发展。此外,还有的女孩是因为受到老师的影响,对不同的老师喜爱程度不同,因而在老师所教授的不同学科上也投入不同的时间和精力。父母还需要注意的是,青春期女孩特别敏感自尊,内心也很脆弱,因而当在考试中某门学科成绩欠佳的时候,她们就会失去信心,开始厌恶这门学科。在这种情况下,父母要让女孩端正心态对待每一次考试的成绩,也要激发女孩不服输的精神,让女孩越挫越勇。

总而言之,当发现女孩偏科时,父母切勿不分青红皂白批评女孩,更不要因此贬低女孩。每个人都有自己擅长的和不擅长的事情,父母所需要做的就是接纳女孩本来的样子,激发女孩的潜力。父母要相信自己的女孩是最优秀的,而不仅仅限于学习,当父母学会欣赏女孩本来的样子,也发自内心地赏识女孩的长处和优势时,女孩整个人都会焕发出自信的光芒,也会因此而成为最好的自己。

营造充满书香的家庭氛围

随着电子产品的普及，几乎每家每户都有台式电脑、笔记本电脑、平板电脑和智能手机等电子产品。这使得不管是成人还是女孩，使用电子产品都变得特别容易。然而，细心的父母会发现一个问题，即女孩能够熟练地使用电子产品，或者玩游戏，或者查阅资料，但是他们却很少看书。有些女孩哪怕有充足的时间可以阅读，也不愿意捧起散发着油墨清香的书本，而是当即拿起智能手机开始刷网页，刷视频。随之而出现的现象是，原本全家人在一起其乐融融，常常一起阅读，观看电视节目，现在全家人却彼此疏远，人人都捧着一部属于自己的智能手机，彼此之间就像是有缘分合租的室友一样毫无瓜葛，毫无关联。

由此可见，父母需要忧心的不仅是女孩越来越不爱看书，也要担心女孩和父母的关系，以及所有家人之间的关系越来越疏远的情况。为了彻底改变这样的情况，父母必须从自身做起，立即放下手机，捧起书本。生活环境对女孩的影响是很大的。女孩看到父母每时每刻都捧着手机，自然会学习父母的样子。反之，女孩如果看到父母时常读书，那么她们也会对书籍更加感兴趣。因而父母要致力于为女孩打造充满书香的家庭气氛，也以自己作为女孩的最好榜样，带动女孩全身心投入阅读之中，感受书籍的魅力。

尤其是在养育女孩的过程中，父母更是要以书籍丰富和充实女孩的心灵，拓宽女孩的眼界。如今，很多女孩从小就在父母无微不至的照顾下长大，她们衣食无忧,也不知道人心险恶,一旦走出家门,就像是单纯可爱的小白兔一样很容易受到伤害。还有的女孩因为始终是家庭生活的中心,所以变得自私任性,不能体察他人的情绪和感受,因而在人际交往中陷入被动的困境,无法得到他人的好感。这些都会成为女孩成长道路上的障碍,所以父母一定要鼓励女孩多多读书。古人云,书中自有颜如玉,书中自有黄金屋。女孩即使足不出户,也可以通过读书见识更多的人间事,还可以了解世界各地的风土人情。在坚持阅读的过程中,女孩的眼界越来越开阔,胸怀越来越博大,也可以给予自己更大的成长空间。

遗憾的是,很多女孩已经养成了不良的学习习惯和生活习惯。她们一旦完成作业,就会迫不及待地打开手机开始看网页,看视频。也有些女孩哪怕在做作业的过程中,也会时不时地看一眼手机。在她们的书架上,课外书已经开始蒙上灰尘。女孩看着五光十色的电子屏幕,眼前虽然很热闹,内心却是异常空虚的。好习惯的养成需要漫长的过程,而坏习惯的养成只需要短暂的时间。这是因为坏习惯顺应人的本能,如看手机上光怪陆离的新闻的确使人放松,仔细想来,与其花费时间看手机,还不如花费时间阅读,在书香中品味人生的真谛,看遍人世间的悲欢离合。爱阅读的女孩内心更加充实,她们虽然自身的经验很少,却在书本上见识了别人的人生。她们虽然年纪还小,却懂得很多深刻的道理。这都是书籍赠予女孩的最好礼物。

当然,改变必须从父母做起。如果父母总是回到家里就低头看手机,甚至没有时间看女孩一眼,不是在玩游戏就是在刷朋友圈,那么女孩是不会爱看书的。父母要做女孩的好榜样,可以在家里开辟出专门的读书角,还可以设置家庭读书日活动,和女孩一起静下心来品味书香。

具体来说,父母可以从以下几个方面着手,为女孩打造书香氛围。

首先,当女孩学习的时候,父母切勿在一旁玩电子产品。爱看电视的妈妈和爱玩游戏的爸爸都可以选择以阅读的方式陪伴女孩学习，这样既避免了电子产品发出嘈杂的声音，也可以帮助女孩更加专注。

其次，家不管是大还是小，都应该有一个大大的书柜。家里摆放一整个书柜的书籍，不但有利于女孩随时随地阅读，还有利于营造书香氛围。需要注意的是，最好为女孩准备一些经典的名著，还可以让女孩自主地选择购买一些书籍。有些父母会强迫女孩必须阅读固定的书目，由此而损伤了女孩的阅读兴趣。古人云，开卷有益。其实只要女孩坚持阅读，不管女孩读的是什么书，对于女孩的成长都是非常有好处的。

再次，开辟专门的亲子阅读时间。到了周末，既可以带着女孩进行户外运动，强健身体，愉悦心情，也可以带着女孩一起阅读。在阳光晴好的午后，全家人泡一盏茶，沐浴着柔和的日光阅读，还可以欣赏一下眼前的绿植，想一想就静谧又美好。

最后，培养女孩坚持写读书笔记的好习惯。读书，最重要的作用在于启迪女孩思考。看着书中人物的悲喜，女孩就会产生共鸣，也有所感悟。如果在读书之后就把书中的人物和情节完全抛之脑后，则女孩就少有收获。在最初要求女孩写读书笔记时，不要强求女孩必须写出多少字来，也不要要求女孩必须想得深刻。只要女孩愿意在阅读后整理自己的思绪，梳理自己的情感，就是很好的开始。随着写读书笔记的次数越来越多，女孩自然会更加深入地思考，也会对于书中的人物有更深刻的理解。正如一位名人所说的，一千人眼中就有一千个哈姆雷特。读书，正是仁者见仁，智者见智，见山得山，见水得水。相信随着读的书越来越多，思考也越来越有深度，女孩一定能领悟书中的精髓，也真正地爱上阅读。

第六章

掌控情绪，让女孩成为情绪的主人

　　人是情绪动物，一旦情绪失控，人就会失去理性。进入青春期，女孩的情绪很容易波动，因而父母要教会女孩控制情绪，成为情绪的主人。否则，女孩就会被情绪控制，成为情绪的奴隶。很多父母只关心女孩的生理需求，而忽略了女孩的情绪波动。父母必须认识到，情绪不但会影响女孩的身心健康，在很大程度上，女孩能否成功地做自己想做的事情，也与自身情绪密切相关。

谁说叛逆期一定要叛逆

说起叛逆期，很多父母当即就会想到青春期。的确，女孩在漫长的成长过程中会经历三个叛逆期。第一个叛逆期在2岁前后。在2岁之前，大多数女孩都没有自我意识，把自己与外部世界看作是一体的。到了2岁，她们渐渐地萌生出自我意识，也把自己与外部世界区别开来。这个叛逆期被称作宝宝叛逆期。第二个叛逆期在7~9岁，女孩的独立意识得到发展，她们从热衷于当父母的小尾巴，到渐渐地走向独立，想要独自展开行动。在这个阶段，细心的父母会发现女孩渐渐地疏远了父母，也不愿意让父母亦步亦趋地跟着她们了。第三个叛逆期在10~18岁，通常情况下，女孩更早地进入青春期，而男孩进入青春期则比女孩晚两年，这是因为女孩在孩童阶段的身心发展比男孩提早两年，所以女孩的青春期往往从10岁开始，而男孩的青春期往往从12岁开始。不得不说，青春期是女孩一生之中最漫长的叛逆期，和两三岁与七八岁的叛逆相比，青春期的女孩身心发展更快，因而也出现了更多的变化。

然而，我们未必要把青春期与叛逆期联系在一起，而是要认识到只要父母对女孩教育和引导得当，青春期的女孩未必要叛逆。说不定，青春期的女孩还会和父母成为好朋友，变成忘年之交呢！

进入青春期，女孩在生理方面开始快速发育，她们的自我意识和独立意识都逐渐地增强。这使女孩进入了矛盾状态，一则她们认为自己已经长大了，不再需要父母的管教，因而希望父母可以如同对待朋友那样对待她们，也给予她们自主的权力。二则,女孩还没有完全长大,不能独立地生活,所以她们还常常需要依赖父母。在这样的矛盾状态下,女孩的心态也很矛盾。作为父母,必须了解女孩在青春期的特别心理,才能及时地改变教育女孩的方式,比如平等地与女孩沟通,尊重女孩提出的不同意见,这样才不会激起女孩的叛逆心。女孩感受到父母的尊重和关爱,非但不会疏远父母,还会更加亲近父母呢!需要注意的是,尽管青春期的女孩很不听话,但父母不要威胁女孩,更不要在女孩犯错的时候劈头盖脸地数落女孩,否则女孩很有可能故意与父母作对,导致事态的发展更加不可掌控。

周日,樱桃睡到日上三竿才起床。她起床之后洗漱、吃饭,就到中午了。妈妈一直等着樱桃主动写作业,却没想到樱桃和同学煲起了电话粥。在电话里,樱桃还告诉同学:"亲爱的,我告诉你,我决定把头发染成紫色的……对,对,对!就是紫葡萄的颜色,特别好看!……"樱桃又和同学说了很久才挂断电话,丝毫没有留意到妈妈正在一旁虎视眈眈。

妈妈好不容易等到樱桃挂断电话,当即冲着樱桃喊起来:"你刚才说什么?要把头发染成紫色的?你疯了吧!"樱桃不屑一顾地看着妈妈,不以为然地说:"我只是说说而已,你大惊小怪做什么。况且,我又不是把所有头发都染成紫色,我只想染几绺头发而已。"妈妈如同连珠炮一样说道:"不行,坚决不行!你还是学生,怎么能染头发呢?我告诉你,你给我离你那个'亲爱的'远一点,你都是受到她的不良影响,才会这么疯的!"

听到妈妈把怒火引到了自己的好朋友身上,樱桃特别不开心地说:"妈妈,希望你尊重我的朋友!我只是想染几绺头发,又不是要去杀人放火,你不用这么紧张!"眼看着妈妈和樱桃之间的争吵就要升级,爸爸赶

> 紧来灭火。爸爸和颜悦色地问樱桃："樱桃，你觉得紫色好看，还是棕色好看？"樱桃没想到爸爸会提出这个问题，愣住了。片刻之后，樱桃说："都挺好看的。"爸爸笑着说："我觉得那种接近于栗色的棕色，特别洋气。不过，这种颜色没有紫色显眼。你可以仔细想想，染成哪种颜色。对了，等你决定去染色了告诉我，我可以赞助你200元钱。"樱桃被爸爸说得丈二和尚摸不着头脑，讪讪地笑道："我只是有这个想法，还没有决定呢！"说完，樱桃乖乖地去写作业了。

如果妈妈继续表示反对，樱桃说不定当天下午就会去染发了。幸好爸爸很明智，对樱桃染发不但没有反对，还给出了参考意见，所以樱桃反而有些迟疑，给了自己更多的思考时间。面对青春期女孩各种突如其来、千奇百怪的想法，父母一定会感到抓狂，但是父母必须知道的是，一味地禁止女孩只会导致物极必反。与其以反对的方式对女孩起到反作用力，不如以尊重、理解和支持的态度给女孩一时发热的头脑降降温。

很多青春期女孩都是顺毛驴，她们更希望父母以讲道理的方式对待她们，而不希望被父母批评和训斥。所以父母要学会和女孩来软的，而不要和女孩硬碰硬。具体来说，为了帮助青春期女孩保持良好情绪，也能心平气和地与父母沟通，父母要做到以下几点。

首先，父母要保持冷静。因为父母一旦冲动起来，就会口不择言地对女孩说出很多出格的话，从而引爆女孩的负面情绪。在与青春期女孩的相处过程中，父母是主导者，所以要肩负起重要的责任。父母要尊重和平等对待女孩，切勿对女孩居高临下。青春期女孩的自尊心特别强烈，内心也非常敏感和脆弱。有的时候，父母一句无心的话就会在女孩的心中掀起惊涛骇浪，所以父母一定要掌控好自己的情绪，才能把控好与女孩相处的气氛，也才能给女孩树立

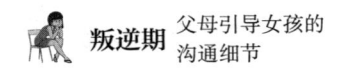

控制情绪的榜样。

其次，父母要建议女孩，而不要命令女孩。当父母居高临下地对女孩下命令，女孩马上就会产生逆反心理，这不是因为她们不接受父母的建议，而是因为她们不接受父母的姿态。所以父母在给女孩提出建议的时候，要注意控制语气，切勿强迫女孩。明智的父母还会采取一些策略，如引导女孩提出合理化建议，这样女孩就会将其作为自己的想法去践行。

再次，父母切勿唠叨，以免引起超限效应。父母反复地叮咛或者唠叨女孩，就会使女孩产生超限效应，故意与父母作对。为此，当确实有事情需要提醒女孩时，父母要把握好频次，轻声地说一次，反而更能够引起女孩的关注。

最后，掌握批评的艺术。青春期女孩自尊心很强，面子薄，所以父母在批评青春期女孩时必须讲究方式方法，切勿简单粗暴，更不要碾压女孩的自尊。例如，批评女孩的时候不要翻旧账；可以采取三明治批评法，把难听的话夹在好听的话之间说出来；讲究时机和场合，切勿当众让女孩下不来台等。

少抱怨，学会发现他人的闪光点

很多青春期女孩都特别爱抱怨，她们对于身边的人总是感到不满意，不是觉得对方不够优秀，就是觉得对方太低俗或者觉得对方苛刻挑剔。哪怕是对最爱她们的父母，她们也不能完全认可。这样的女孩一定很难建立良好的人际关系，因为她们吹毛求疵，让人难以接受。有心理学家提出，女孩在家庭生活中与父母之间的关系，是奠定她们未来人际关系的基础，此外她们与父母的相处模式，也将会影响她们与他人之间的相处模式。所以父母一定要注重与青春期女孩相处，也要给予女孩更多的引导和帮助。

不可否认的是，大多数人都很喜欢抱怨。有的人抱怨工作太辛苦，有的人抱怨得到的报酬太少，有的人抱怨同事难以相处，有的人抱怨自己运气不好……这些成人的烦恼，青春期女孩同样也有。例如，她们会抱怨自己长得不够漂亮，抱怨自己的家境不够优渥，抱怨自己的父母不够优秀，抱怨自己在学习中总是遇到困难，抱怨自己的好朋友不够善解人意，抱怨自己的老师讲课不够风趣幽默……虽然她们知道抱怨不能解决问题，却依然热衷于抱怨，只是想以发牢骚的方式宣泄自己的负面情绪。对于她们而言，抱怨本身就是一种释放，所以才有那么多女孩都喜欢抱怨。然而，女孩不能对抱怨掉以轻心，父母在听到女孩频繁抱怨的时候更是要警惕女孩是否养成了爱抱怨的坏习惯。抱怨会使女孩的心胸狭隘，也会使女孩一叶障目，不见泰山，还会使女孩给人留下糟糕的印象，变成"孤家寡人"。因而父母要帮助女孩开阔胸怀，不再斤斤计较，也不再抱怨。

> 这天放学回到家里，安安不像平时那样开开心心的，而是满脸怒气。妈妈一眼就看出了安安的异常，赶紧询问安安到底发生了什么事情。安安恼火地抱怨道："气死我了，明明居然是个叛徒，亏得我还把她当成好朋友呢！"妈妈知道安安和明明素来以骨灰级闺蜜相称，因而听到安安抱怨明明，妈妈还是很惊讶的。
>
> 经过一番询问，妈妈知道了事情的经过。原来，安安不管有什么秘密都会告诉明明，明明也对安安坦诚相见。但是，安安这天去了学校，发现同学们都对她指指点点，她感到莫名其妙。下课之后，她无意间听到两个女生正在议论她的秘密，她马上就想到自己只把自己这个秘密告诉了明明，所以她当时就断定是明明把这个秘密说了出去。她去质问明明，明明非但没有向她道歉，反而轻描淡写地说："安安，你又没有告诉我这件事情需要保密，我觉得这件糗事特别有趣，特别好玩，就告诉了另一个同学，谁能想到那个同学是个大嘴巴，马上全班同学就知道了呢！"安安被明明气得眼泪汪汪，一句话都说不出来，明明继续说道："安安，说出去的话如同泼出去的水，是收不回来的，你不如就等着大家忘记吧，我相信大家很快就会忘记的。"安安吃了这个哑巴亏，真是有苦说不出啊！
>
> 妈妈了解了事情的始末，对安安说："安安，明明之前并没有泄露过你的秘密，可见她应该不是故意的。其实，你也看过那个传话的游戏，知道一队人就算是咬着耳朵传话，也会传得面目全非。所以你在把自己的事情说出去的同时，就要做好这件事情会人尽皆知的准备，明白吗？你要多多想一想明明的优点，如在你生病的时候给你送作业，给你讲解难题等。"在妈妈的安抚下，安安渐渐地恢复了平静，说道："其实，那的确

> 是一件让人发笑的糗事,也没什么大不了的。"

一个人如果过于挑剔和苛刻,怀着负面心态,那么总会因为各种事情而抱怨。其实,与其以抱怨的方式让问题变得更糟糕,不如调整好自己的心态,让自己积极地看待问题。例如,对待他人的错误,我们要包容;对待他人的不足,我们要理解;对待他人的伤害,我们要谅解。女孩唯有拥有宽广的胸怀,才能远离抱怨。

具体来说,父母要做到以下几点,才能让女孩更加宽容,不再抱怨。

首先,告诉女孩"金无足赤,人无完人"的道理,引导女孩看到自己身上的缺点,这样女孩才会推己及人,包容他人的缺点和不足。

其次,引导女孩以陈述的方式与他人沟通。很多青春期女孩情绪冲动,无法区分陈述与抱怨的不同。陈述是不带感情色彩地阐述事实,而抱怨则带有强烈的感情色彩,是为了表达自身的不满而阐述事实。所以是心平气和还是心怀不满,是陈述与抱怨的本质区别;是想要寻求办法解决问题,还是为了发泄情绪,是陈述与抱怨的不同目的;最终能够解决问题,还是只会导致问题更加难以解决,是陈述与抱怨的不同结果。相信当女孩认清楚陈述与抱怨的区别后,一定会更加乐于陈述,而不再抱怨。作为父母,在和女孩沟通的时候,也要多多以陈述的方式阐明事实,而不要总是以抱怨的方式发泄负面情绪。

最后,不再容忍抱怨,督促女孩停止抱怨。需要注意的,拒绝抱怨的方式不是批评或者指责女孩,否则更加容易激发女孩的负面情绪,只需要拒绝倾听。对于女孩以陈述的方式阐述的事实,父母要给予积极回应,而对于女孩以抱怨的方式发泄的负面情绪,父母要提醒女孩用陈述的方式表达感受。如果女孩继续抱怨,那么父母可以以肢体语言做出回应,如皱起眉头,对女孩的话不置可否,用双手捂住自己的耳朵等。这里之所以不建议以语言表达的方

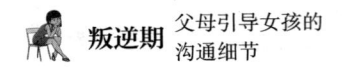

式拒绝女孩的抱怨,是担心父母会在不知不觉间以抱怨应对女孩的抱怨,那可就更加糟糕了。当父母坚持拒绝女孩的抱怨,并以不抱怨的方式提醒女孩停止抱怨,相信女孩一定会渐渐地改变不良的表达方式,采取积极的方式与父母沟通。

正确处理嫉妒的情绪

嫉妒，是一种很常见的心理情绪，但如果得不到遏制，就会如同野草一样在人的心中疯长，使人心中的理性和善良消失殆尽。很多青春期女孩都是因为嫉妒，才会变得心思狭隘，内心中充满了负面的力量。当然，这并非说嫉妒是不合理的存在，其实早在婴儿期，女孩就会表现出嫉妒的本能。例如，十几个月的女婴特别依赖妈妈，在看到妈妈抱起其他孩子之后，她马上就会哭闹不休，甚至还会向着妈妈的怀抱伸出小手。这是因为女婴嫉妒妈妈怀抱中的那个孩子，更加不愿意让妈妈抱起其他孩子。在成人世界里，嫉妒更是随处可见。例如，一个男人看到同学或者朋友的收入比自己高，住的房子比自己大，开的车子比自己好，他们就会心生嫉妒，具体表现为羡慕或者产生酸葡萄心理，表现出对对方不屑一顾。

既然嫉妒是人的本能之一，存在也是合理的，那么父母就该理解青春期女孩表现出的嫉妒心理。青春期女孩原本就有着丰富的感情，内心也特别敏感，所以她们会关注到别人不曾关注的细节，也会更加斤斤计较。适度的嫉妒可以促使女孩奋发向上，努力地超越他人，而过度的嫉妒则只会使女孩对他人产生不良的情绪，甚至有些女孩在强烈的嫉妒情绪之下，还会做出伤害他人的事情。由此可见，嫉妒的情绪如果不加以控制，还是非常可怕的，也会引起严重的后果。

小凡和悦悦从小就是好朋友，后来又上同一所学校，成为同班同学，又成为同桌。小学阶段，她们之间的感情特别好，每天一起上学，一起放学，形影不离。最重要的是，她们还被老师称为学霸姐妹花，因为她们的成绩都很优异。然而，在进入初中之后，小凡和悦悦的关系变得微妙起来。这是因为小凡和小学阶段一样是不折不扣的尖子生，在学习上表现出类拔萃，而悦悦呢，则因为不能很快地适应初中生活，导致学习方面有所退步。在初一上学期的期末考试中，小凡考取了全班第二的好成绩，而悦悦只考取了全班第十八名。眼看着原本和自己齐头并进的小凡现在遥遥领先，把自己远远地甩下，悦悦感到心里仿佛打翻了调料瓶，五味杂陈。

初一下学期开学，悦悦特意找到老师，请求调换座位。老师很惊讶，反问道："悦悦，当初可是你和小凡一起来找我，我才让你们坐同桌的。现在才一个学期过去，你怎么又要调座位啦？"悦悦支支吾吾地说："老师，我不想和小凡同桌了，因为我们上课总是讲话。"老师当然知道悦悦只是在找借口，也想到悦悦是因为小凡学习好而倍感压力，因而答应帮助悦悦调动座位。

不过，让老师没有想到的是，悦悦的嫉妒心很强，她可不仅仅要和小凡调开座位呢。有天，小凡告诉老师她的语文书不见了，老师以为小凡不小心弄丢了，因而让全班同学都翻找自己的书包。结果，没有人看到小凡的语文书。直到下午放学的时候，值日的同学才在垃圾桶里看到小凡的语文书，有人在语文书上画了很多乱七八糟的线条，还撕掉了很多页呢。老师当即意识到这不是偶然发生的，而是有人故意为之。为此，她偷偷调看了班级里的监控录像，惊讶地发现这件事情居然是悦悦干的。老师意识到问题的严重性，没有声张，没有把真相告诉小凡，而是通知了悦悦的父母。悦悦的爸爸妈妈得知悦悦居然如此嫉妒小凡，而且做出了这么出格的

> 事情，当即告诉老师要狠狠地批评悦悦。老师劝阻道："悦悦之所以做出这样的举动，可见她情绪容易冲动。对于青春期女孩，这也是可以理解的，我建议你们还是好好地想一想如何与她沟通，尽量平和地让她认识到自己的错误。"在老师善意的提醒下，爸爸妈妈最终找了个合适的时机，解开了悦悦的心结。

每个女孩都希望自己是最漂亮的、最优秀的、最了不起的，但是命运从来不会偏爱任何人，每个女孩都会有不足的地方。作为女孩，羡慕他人是可以理解的，却不要羡慕嫉妒恨，更不要因此而伤害他人。那么，女孩为何会嫉妒呢？通常情况下，女孩嫉妒的对象是与女孩水平相仿的人，如好朋友、同桌、表姐妹等。对于那些远离女孩生活的人，女孩往往不会嫉妒。当意识到女孩对身边的人产生嫉妒情绪时，父母要引导女孩看到自己的优点和长处。例如，女孩嫉妒他人长得比自己高，父母可以让女孩看到自己的眼睛比较大，炯炯有神；女孩嫉妒他人学习比自己好，父母可以让女孩看到自己的绘画特别好，画什么像什么，简直就是小画家；女孩嫉妒他人唱歌比自己好听，父母可以让女孩看到自己跑步特别快，堪称飞毛腿。总而言之，不要让女孩把自己的缺点和他人的优点进行比较，也不要让女孩把自己的短处与他人的长处进行比较，而是要认识到每个人都有长处和短处，只有客观地评价自己，才能让自己的内心保持平衡。

很多女孩并不会明显地表现出嫉妒的情绪，而是选择在背地里伤害他人，这是更加可怕的。也有很多父母得知女孩喜欢嫉妒他人后，却对此不以为然，那么之后也要对此引起足够的重视。其实，嫉妒不但会使女孩冲动地伤害他人，而且其本质上是一种负面情绪，也会让女孩陷入消极的情绪状态中无法自拔。因而不管是为了让女孩积极起来，还是为了防止女孩伤害他人，父母都

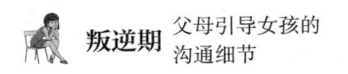

要有效地帮助女孩消除嫉妒情绪，平复自己失衡的内心。尤其是女孩正处于青春期，体内分泌出大量的生长激素，如果长期受到嫉妒情绪的负面作用，就更是会导致身心失调，影响身心健康。

从人际交往的角度来说，嫉妒也是不利于发展人际关系的。青春期的女孩离不开同龄人的陪伴，在与同龄人相处的过程中，女孩才会获得快乐。如果女孩总是小肚鸡肠，妒忌身边所有比自己更优秀的人，那么她们渐渐地就会变成孤家寡人，根本无法建立良好的人际关系，更不可能感受到友谊带来的快乐和幸福。

那么面对爱嫉妒的女孩，父母要做到以下两点。

首先，要认识到青春期女孩嫉妒他人是正常的，所以不要强制要求女孩压抑嫉妒的情绪。父母只要能够帮助女孩把嫉妒控制在适度的范围内，女孩反而会因为嫉妒而积极进取，试图超越他人。为了避免激发女孩的嫉妒心理，父母不要把女孩与其他孩子进行横向比较，而是要发现女孩的闪光点，多多认可和鼓励女孩。

其次，要让女孩有一双善于发现的眼睛，学会慷慨地赞美。女孩与其因为嫉妒而把那些比自己优秀的人当成假想敌，不如调整好心态，积极地向那些优秀者学习。所谓尺有所短，寸有所长，当女孩向他人虚心求教，就会更快地进步和成长起来，也就会如愿以偿变得越来越优秀。

不要让悲伤逆流成河

青春期女孩仿佛坐上了情绪的过山车,时而欣喜若狂,时而灰心沮丧。有的时候,女孩还会陷入莫名袭来的悲伤情绪中无法自拔,默默地垂泪,心情低沉得仿佛能拧出水来。每当这种时刻,女孩总是特别脆弱的,最爱流泪,以此来呈现自己的情绪。很多青春期女孩并不擅长掩饰自己的情绪,或者说她们不愿意掩藏自己的情绪。因而,每当遇到开心的、伤心的事情时,她们都会喜形于色或者悲形于色。

作为父母,当然希望自己的女孩每天都开开心心的,与快乐常相伴。因而当看到女孩情绪低落,内心充满痛苦的时候,父母就会感到很焦虑,有些父母也会因为烦躁而要求女孩马上停止哭泣。父母要知道,哭泣不是问题,女孩只是在以这样的方式宣泄情绪,而一旦被强制要求停止哭泣,女孩的内心就会特别压抑。所以父母要允许女孩哭泣,为了避免女孩尴尬,还要给女孩留下自在的时间和空间。父母需要注意的是,切勿打击因为失败而哭泣的女孩,更不要讽刺挖苦女孩。失败的女孩往往内心脆弱,父母的冷嘲热讽只会让她们更加否定自己,更加悲观绝望。所以明智的父母会多多鼓励女孩,帮助女孩重新扬起自信的风帆。

> 丹丹从1岁就离开父母的身边,回到老家和爷爷奶奶一起生活。直到15年后,丹丹16岁初中毕业,爸爸妈妈才把她接到身边读高中。刚刚和爷

> 爷奶奶分别的时候，丹丹无时无刻不在思念爷爷奶奶，反而对曾经日思夜盼的爸爸妈妈没有那么亲近。每天晚上放学回到家里，丹丹都会给爷爷奶奶打电话，把自己一天的学习和生活都讲给爷爷奶奶听。
>
> 一天上午，丹丹正在上课呢，突然看到爸爸站在教室外面焦急地和老师说着什么，老师则不停地看向她。丹丹的心中突然升起一种不祥的预感，果不其然，片刻之后老师喊丹丹收拾书包和爸爸一起回家。才离开教室，丹丹就以颤抖的声音询问爸爸发生了什么事情，爸爸赶紧安抚丹丹："丹丹，奶奶身体不舒服住院了，你不要着急，妈妈正在收拾行李，我们现在就回家看望奶奶。"丹丹已经16岁了，当然知道奶奶的病情一定很严重，否则爷爷不会惊动远在异地的爸爸妈妈。丹丹的眼泪簌簌而下，她使劲地咬住嘴唇，不想发出声音。爸爸看到丹丹难受的样子，揽着丹丹的肩膀，对丹丹说："丹丹，想哭就哭出来吧，哭出来心里会好受一些。"丹丹这才哭出声来，问爸爸："奶奶的情况是不是不太好？我想留在老家陪在奶奶的身边。"爸爸点点头，说："我们一起送奶奶最后一程。"在回老家的十几个小时车程里，丹丹一直在哭泣，仿佛眼泪永远也流不尽。妈妈知道丹丹和奶奶的感情最深厚，没有劝说丹丹不要哭泣，而是一直在给丹丹递纸巾。

常言道，人不伤心不落泪。对于丹丹而言，得知奶奶病重的消息，她就无法控制自己的眼泪了。哭泣，对于每个人而言都是宣泄感情的有效方式，如果内心充满悲伤，却强忍住哭泣，那么负面情绪就会在人们的心中淤积，反而不利于人的身心健康。在极度悲伤的时候，女孩可以嚎啕大哭，也可以无声落泪。女孩是水做的，女孩任何时候都有权力哭泣。

尤其是在青春期，女孩的心智发育还不够成熟，心理承受能力也比较差，所以常常会因为一些事情而产生负面情绪，感到悲伤。父母要引导女孩以合理的方式宣泄负面情绪，切勿一看到女孩悲伤落泪就感到厌烦。具体来说，父母可以鼓励女孩通过以下的方式宣泄悲伤情绪。例如，女孩可以去人少的空旷之地大声地喊叫，爬到高山之上对着山谷喊叫，或者可以做喜欢做的事情发泄，去KTV唱歌，去跳舞，去跑步等。

首先，父母要学会倾听女孩，这样女孩才会倾诉内心的悲伤。倾诉，让女孩更容易释怀。否则，女孩始终把伤心事埋藏在心底，不让任何人知晓，就不得不独自承受巨大的压力。如果女孩不愿意向父母倾诉，那么还可以以写日记的方式，把伤心的事情写出来，这同样能让女孩如释重负。需要注意的是，父母切勿在未经许可的情况下偷看女孩的日记，否则就会失去女孩的信任，也使女孩失去一个宣泄情绪的渠道。

在倾听女孩的时候，父母要注重细节。例如，停下手中的事情，看着女孩的眼睛，专注地倾听；不要随意打断女孩，而是要让女孩如同竹筒倒豆子一样把心事都说出来；及时给予女孩反馈，可以以简单的语气词对女孩表示认可，也可以以肢体动作对女孩表示支持；不要盲目地批评指正女孩，而是要引导女孩分析和解决问题……只有做到这些，父母才能成为女孩的倾诉对象，成为女孩的知心好友。

其次，鼓励女孩以实际行动驱散悲伤，这样悲伤才不会占据女孩的心灵。当发现女孩把自己关在房间里默默流泪的时候，父母可以陪伴女孩散心，和女孩一起看电影，进行户外运动等。这样就能分散女孩的注意力，使女孩忘记悲伤，变得开心起来。

最后，父母要引导女孩调整心态，保持积极乐观。即使对待同一件事情，如果心态不同，看问题的角度不同，收获的心情和做出的应对也就截然不同。举例而言，在漫无边际的沙漠中，头顶着似火的骄阳，脚踩着滚烫的黄

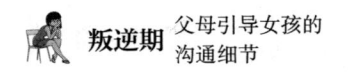

沙，乐观的女孩会庆幸自己还剩下半瓶水，而悲观的女孩则只会担忧自己只剩下半瓶水。这是因为女孩的心态不同，对待问题的态度也就截然不同。女孩要拥有积极乐观的心态，不管面对怎样的困境，都能沉下心来去应对，而不会紧张焦虑到主动放弃。正如人们常说的，笑到最后的人才是笑得最好的人，女孩也要坚持笑到最后，才能战胜自己，成为真正的胜利者。

不要让抑郁的阴云笼罩自己

曾经,人们对于抑郁症缺乏了解,误以为所谓抑郁,就是因为心思狭隘,遇到问题想不开导致的。随着心理学的发展,如今,越来越多的人开始了解抑郁症,也知道了抑郁症不是一种单纯的精神性疾病,而是有生理症状的。

近些年来,也许是因为学习的压力增大,很多青春期女孩都受到抑郁的困扰,出现不同程度的抑郁症状,而且也有极少数女孩受到抑郁症的困扰。最为可怕的是,很多父母并不了解女孩真实的心理状态,反而认为女孩只是性格内向而已,这无形中就导致自己对女孩缺乏关注,也使得女孩情绪的抑郁越来越严重。有些女孩因为中重度抑郁症而出现自残、自伤行为,父母才会突然意识到女孩"生病"了。通常情况下,父母往往更加关注女孩的生理需求是否得到满足,也更加重视女孩的学习表现和学习成绩,而不怎么关心女孩的情绪状态。那么在读了这篇文章后,希望更多的父母都能关注到女孩的情绪,帮助女孩及时驱散抑郁的阴云,也让女孩能够彻底摆脱抑郁,内心充满阳光,真正地感受到幸福和快乐。

对于青春期女孩,父母要更加关注其心理状态。一则,青春期女孩的身心都处于快速的发展和变化中;二则,青春期的女孩情绪多变,很容易阴晴不定。对于青春期女孩的情绪多变,很多父母都不理解,认为女孩不可理喻,是在闹情绪。殊不知,女孩并非故意找不痛快,只是因为身心的快速发展和变化,才有这样的情绪反应。所以当女孩表现出烦躁不安、紧张焦虑的情绪时,

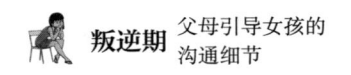

父母要多多理解女孩，也要密切关注女孩。

父母很有必要了解青春期抑郁的症状，知道青春期女孩受到抑郁袭击的显著表现是情绪低落。很多女孩不管做什么事情都提不起兴致来，也会因为过于敏感对一些人和事反应过激，这都是青春期抑郁导致的。还有些女孩会夸大自己的负面情绪，消极悲观，遇到小小的挫折就仿佛天塌下来，遇到小小的困难就认为自己无法渡过难关。她们被这样的负面情绪淹没，不但会自暴自弃，还有可能会产生自我伤害的念头。父母必须及时帮助女孩疏导情绪，帮助女孩摆脱抑郁情绪侵扰，这样女孩才会驱散抑郁的阴云。

有一天，爸爸去接小冉放学的时候，发现小冉和班级里的一个男生一起说说笑笑地走出校园，彼此之间挨得很近。爸爸不由得皱起眉头，暗暗思忖道："小冉难道早恋了？"回到家里，爸爸把这件事情告诉妈妈，妈妈和爸爸约定先观察一段时间，再做决定。

经过一段时间的观察，爸爸妈妈又发现了很多蛛丝马迹，最终确定小冉的确是早恋了。他们联系了老师和男孩的父母，开了个碰头会，得到了更多关于小冉和男孩的情报。原来，小冉到了周六或者周日就闹着要出门，不是说要买学习资料，就是说要出去散散心，其实都是为了见面。为了及早地扼杀小冉和男孩早恋的苗头，双方父母约定从现在开始控制小冉和男孩周末的活动，不允许小冉和男孩单独离开家。结果，达成约定的第一个周六，小冉就闹着要出门。爸爸坚决禁止小冉出门，小冉哭闹不休，妈妈更是让小冉断绝单独出门的念头，小冉威胁妈妈说："你到底让不让我出去？不让我出去，我就跳楼。"说着，小冉还以头撞墙，撞得头上马上就起了大包。看到小冉做出如此过激的举动，妈妈更加确定小冉在早恋，但是也怀疑小冉是否有心理疾病。后来，妈妈带着小冉去看心理

> 医生，心理医生诊断小冉患上了中度抑郁症，必须吃药辅助治疗。妈妈懊悔不已，责怪自己太过粗心，没有早早地发现小冉抑郁症的苗头。医生安慰小冉妈妈说："这位妈妈也不用太过担忧，青春期女孩之所以会有抑郁症，是因为青春期原本就会内分泌紊乱，这也会影响女孩的情绪。所以青春期的抑郁症只要加以调理，还是会大大改善的。"
>
> 此后，妈妈有意识地减轻小冉学习的压力，不再总是要求小冉必须争分夺秒地学习。因为要看着小冉不在周末单独外出，所以妈妈还经常陪着小冉一起看电影，去公园里散步，和爸爸妈妈一起外出旅游等。经过一段时间的调整后，小冉的抑郁症大大缓解，再也没有做出自残的行为。

当看到青春期女孩郁郁寡欢的时候，父母切勿单纯地判定女孩只是偶尔心情不好。对于女孩的心情低落，父母只要能找到明显的原因，就无需紧张。如果女孩不明原因地长期心情低落，父母必须引起足够的重视。所谓解铃还须系铃人，要想有效地帮助女孩驱散抑郁情绪，父母就要知道女孩因何抑郁。

通常情况下，女孩抑郁的原因无非以下几种，父母只要针对特定的情绪采取措施，就能及时帮助到女孩。

首先，学习压力倍增，女孩身心疲惫。青春期女孩正在读初中或者高中，必须完成繁重的学习任务。在这种情况下，如果女孩在学习上遇到困难，无法凭着自身的努力战胜困难，那么她们就会更加焦虑。所以父母关注女孩的学习时，不要只盯着女孩的成绩，不要只会对女孩提出高要求，而是要看到女孩的努力付出，也多多鼓励女孩，认可女孩的收获，这样才能帮助女孩缓解学习压力。此外，父母还可以给女孩设置一些奖项，如奖励女孩去一次游乐场或一次旅游。这能够让女孩在学习之余获得放松的机会，也感受到学习的乐趣和成就感，因而获得更加强大的学习动力。

其次，为女孩营造良好的成长环境，以免女孩受到不良环境的影响。不良情绪具有很强的传染性，如果女孩的身边都是积极乐观的人，那么女孩也会具有良好的心态。反之，如果女孩的身边都是消极悲观的人，那么女孩的心态也会受到不良影响，变得低沉失落。在很多家庭里，父母都忙于工作，对待女孩特别疏远，很少和女孩沟通，那么女孩就会封闭自己的内心，有了烦心事独自承受，长此以往必然陷入负面情绪之中。也有些父母夫妻关系紧张，彼此之间矛盾重重，家庭气氛特别冷漠，这同样会使女孩生存在父母的夹缝里，满心忧愁。此外，还要注意为女孩结交朋友把关。父母虽然不要干涉女孩交往朋友，却要引导女孩和积极乐观的人相处。

最后，关注女孩的性格弱点。有些女孩本身性格内向，常常感到自卑，对自己持有否定的态度，也常常对自己提出过高的要求。长此以往，她们对自己的表现不甚满意，也很难容忍自己在某些方面的表现，因而陷入抑郁的情绪之中。女孩应该培养自己外向的性格，让自己满怀热情地对待他人，结交朋友，这样即便有什么烦恼，也会在和朋友倾诉之后烟消云散。

愤怒会让女孩失去理智

在诸多情绪中，愤怒是非常强烈的一种情绪，一旦陷入愤怒之中，青春期女孩很容易失去理智，被冲动的魔鬼扼住咽喉。偏偏青春期女孩情绪多变，随时都有可能爆发坏脾气，所以即便作为最爱女孩的父母，在看到女孩情绪爆发、怒不可遏的样子时也会感到心有余悸。为此，对于青春期女孩，父母往往心惊胆战，如履薄冰。他们不知道自己哪一句话会惹恼女孩，也不知道自己哪一句话会让女孩"变脸"。

对待青春期女孩，父母简直八仙过海，各显神通。当女孩暴怒的时候，有的父母会比女孩更生气，美其名曰以怒制怒，寄希望于女孩在看到父母更加生气后就偃旗息鼓了。但是，这么做很有可能导致糟糕的后果，即女孩和父母以愤怒碰愤怒，彼此都会变得更加愤怒。火上浇油可是很可怕的，会使女孩和父母之间的矛盾冲突升级，甚至使其中一方做出过激的举动，导致严重的后果。也有的父母采取退让的态度，一旦看到女孩生气了，马上就会偃旗息鼓，试图以这样的方式使女孩平息怒气。殊不知，这也并非好办法，很有可能使女孩误以为父母害怕她们生气，而她们就会变本加厉。那么，究竟怎样才是对待愤怒女孩的好办法呢？具体来说，要根据不同的情况去分析和解决，也要根据不同女孩的脾气秉性做出不同的应对。

作为一名高二女生，心语还是很让爸爸妈妈省心的。一直以来，心语的学习成绩都很好，对待学习也积极主动。她是班级里的学习委员，品学兼优，深得老师的喜爱。最重要的是，心语的情商也很高，和同学相处特别融洽。为此，爸爸妈妈逢人便会夸赞心语，还说心语是他们的骄傲呢！

最近，心语就像是变了一个人，不再乖巧懂事，温柔可亲，反而脾气变得越来越暴躁，常常因为一些微不足道的小事情就大发雷霆。这天晚上，因为妈妈催促心语早些睡觉，心语居然摔坏了台灯。看着破碎一地的台灯，妈妈瞠目结舌，心语显然也被自己吓住了，愣愣地站在原地不知道如何是好。爸爸听到异常的响动赶过来查看情况，并安抚心语和妈妈。因为害怕妈妈发作起来责骂心语，爸爸还第一时间就把妈妈拉到客厅里看电视，然后和心语一起收拾残局。情绪略微恢复之后，心语也很愧疚地看着爸爸，她欲言又止，爸爸仿佛看出了心语的为难，故意轻描淡写地说道："没事，谁还没有点儿脾气呢，不过下不为例啊，妈妈也是关心你。你这样做，妈妈会伤心的。"爸爸原以为这只是偶然发生的事件，却没想到几天之后心语在学校里居然和同学吵了起来。爸爸火速赶往学校，听老师介绍了事情的经过后，爸爸意识到心语最近的确情绪不稳定，因而赶紧向老师道歉，并且允诺回到家里一定做好心语的思想工作。

这一次，爸爸很慎重地和心语进行了长谈。爸爸温柔和善地对心语说："心语，青春期情绪波动是正常的，爸爸知道你已经努力控制了，不过你还需要更加努力一些。放心，我会帮助你的。你看，你因为爆发坏脾气，前几天才摔坏了台灯，今天又和同学吵起来了。你知道什么样的人才是最强大的吗？就是那些能够控制自己情绪的人。正是因为如此，那些了不起的人才把自己当成自己最大的敌人啊！"心语若有所思，为难地对爸爸说："爸爸，我知道生气不好，但总是控制不住自己。"爸爸笑着告诉心语："其实，有个很简单的方法却特别有效，你愿意试试吗？"心语毫

> 不迟疑地点点头，爸爸说："晚3分钟。""晚3分钟？"心语不理解爸爸的话，爸爸继续说："对，就是晚3分钟再发脾气。虽然只是3分钟，但你会发现自己没有那么生气了。继而，你还可以继续让自己冷静，那么你最终会发现大多数事情都没有你想的那么重要或者严重。"心语恍然大悟。她尝试了爸爸的方法，发现果然奏效。

通常情况下，爱发脾气的女孩一则脾气来得很快，二则很难控制自己的脾气。这都是情绪冲动导致的。如果能够晚3分钟，就可以给自己3分钟的时间浇灭情绪上的怒火，也就可以避免更加严重的后果。

青春期的女孩并非故意发脾气，而是因为生理因素、心理因素综合作用导致情绪波动。父母作为女孩最亲近的人，要理解女孩的情绪波动，也要接纳女孩的情绪。为了帮助女孩控制好情绪，父母要分析和了解女孩为何发脾气，从而真正帮助到女孩。

首先，避免女孩任性、无理取闹。这就要求父母在养育女孩的过程中，要给予女孩更多的引导和帮助。例如，不要总是无限度地满足女孩的需求，否则女孩就会以自我为中心；不要因为女孩哭闹就对女孩妥协，否则女孩会越来越热衷于以哭闹的方式胁迫父母；不要为冲动的女孩善后，而是要让她们为自己的冲动付出代价，承担自身行为的后果。

其次，多多关注女孩。很多青春期女孩都渴望得到父母的关注和重视，如果父母总是忙于工作，或者因为其他原因而忽视女孩，那么女孩就无法得到心理和情感上的满足，也就会以发脾气的方式吸引父母的关注。虽然这不是个好办法，但是效果立竿见影，父母要想让女孩不再使用这种方法，就必须主动关注女孩。

再次，理解女孩，不要以怒制怒。女孩发怒一定是有原因的，而非平白无故。所以不管女孩因为什么事情而勃然大怒，父母都要从女孩的情绪和行为背后探索真正的原因。有些父母只要看到女孩发怒，马上就不分青红皂白地以怒制怒，这会给女孩做出负面的例子，也会激发女孩的叛逆心理，甚至使女孩的情绪彻底失控。所以明智的父母不会给愤怒的女孩火上浇油，而是会采取智慧的方法给女孩的情绪灭火。

最后，接纳和认可女孩的情绪感受。青春期的女孩内心敏感细腻，常常会因为一些小事情而感到委屈，或者因为被人误解而情绪波动。如果不能以语言表达自己的情绪，她们就会以更加激烈的方式表达自己的情绪。作为父母，一定要接纳和认可女孩的情绪，倾听女孩，陪伴在女孩身边，拥抱女孩等。记住，切勿在女孩情绪暴躁的时候试图讲道理给女孩听，否则愤怒的女孩会误以为自己遭到了父母的批评和责骂。父母要等到女孩情绪平静之后，再以合适的方式对女孩晓之以理，动之以情，相信女孩在恢复理性的思考之后，一定会反思自己的错误，也会做出正确的决定。

第七章

成为社交达人，拥有社交力的女孩更从容

青春期女孩渴望友谊，这是因为同龄人的陪伴对青春期女孩而言至关重要。在与同龄人相处的过程中，女孩的情感得到满足，她们有很多小秘密不能告诉父母，却可以告诉同龄人。青春期女孩害怕孤独，她们渴望有亲密的朋友陪伴，这样不管是有开心的事还是伤心的事，就都可以与朋友分享。父母要助力青春期女孩成为社交达人，培养女孩的社交力，这样女孩在社交圈子里才会如鱼得水，才会更加从容。

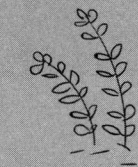

如何与朋友相处

青春期女孩既渴望友谊，又不知道该如何朋友相处。尤其是对于同为青春期女孩的朋友，她们之间很容易因为一些小问题而产生争执，爆发矛盾。这是因为青春期女孩都心思敏感，感情细腻，生怕被对方伤了颜面。

从小学中高年级开始，女孩结交朋友的方式就改变了。在幼儿园和小学低年级阶段，女孩结交朋友并没有固定的目标，她们既和这个小朋友一起玩，也和那个小朋友一起玩。在她们的心中，小朋友之间并没有明显的区别。进入小学中高年级，女孩不再和所有的女孩一起玩，而是会和固定的几个女孩一起玩，这就是真正意义上的朋友。她们与朋友形影不离，还会约着和自己家住得近的朋友一起上学放学，周末也一起结伴出去玩。尤其是在有了烦心事时，她们第一时间就会向朋友倾诉。看到女孩有朋友的陪伴，父母往往感到非常欣慰。然而，好朋友之间并不总是相处愉快，女孩也常常会和朋友闹别扭。每当这时，平日里和朋友相依相伴的女孩就会失魂落魄，仿佛霜打了的茄子一样蔫头耷脑。看到女孩情绪低落，而且形只影单，父母就可以推断女孩一定是和好朋友闹别扭了。

这天放学回到家里，盈盈告诉妈妈她要和晨晨绝交。对于这个消息，妈妈感到特别惊讶。因为据妈妈所知，盈盈和晨晨的关系特别好，每到周末，她们还会相约一起出游呢。为此，妈妈问盈盈："你为什么要和晨晨绝交呢?"盈盈说:"晨晨不够朋友,所以我和她再也不是朋友了。"妈妈提醒盈盈:"我记得你过生日的时候,晨晨还送给你一个很漂亮的书包呢,你现在还在背着啊!"盈盈不为所动,说:"书包算什么,关键时候不帮我,就是看我的笑话。"盈盈继续说,"今天数学考试,最后一道题目我死活想不起来怎么做,晨晨就坐在我的前面,把试卷放低一点儿我就能看见了。我使劲踢晨晨的板凳,还拍她的后背,她都装作感觉不到,太不够意思了。"

原来如此!妈妈恍然大悟,说道:"盈盈,你觉得晨晨应该怎么做?"盈盈不假思索地说:"如果是我,我肯定会把试卷放低一点,给晨晨看的。"妈妈语重心长地对盈盈说:"盈盈,其实晨晨是为了你好。考试就是要考出真实水平,否则等到真正大型考试的时候,你又照着谁抄写呢?我觉得你可以请教晨晨那道题目如何做,她一定会耐心讲给你听的。"妈妈的话使盈盈陷入了沉思,盈盈知道妈妈说得有道理,但是她暂时还不想原谅晨晨呢!次日,盈盈开心地回到家里,妈妈不用问就知道盈盈和晨晨和好了。果然,盈盈告诉妈妈:"妈妈,晨晨今天主动为我讲解了那道题目,我就勉为其难地原谅她吧!"妈妈拍了拍盈盈的脑门,和盈盈心照不宣地笑了起来。

什么才是真正的朋友?青春期女孩对此并没有深刻的认知。正是因为如此,她们才会轻易否定朋友,也会随便放弃朋友。就像事例中的盈盈,因为晨晨不配合她考试作弊,她就非常生气。幸好盈盈有明事理的妈妈帮助她解开心结。

很多父母都不明白,青春期女孩与好朋友好得就像是一个人,为何还会吵架呢?这是因为青春期女孩的情感发育还不成熟,与朋友相处总是以自我为中心，而很少考虑到朋友的情绪和体验。这使得她们一旦与朋友意见不一致，就会坚持己见，由此和朋友发生冲突。有些女孩还特别冲动，在和朋友吵架之后，当即就决定要和朋友绝交。不得不说，这是不珍惜友谊的表现，是很不可取的。作为父母，看到女孩轻而易举地就放弃朋友，一定要给予女孩正确的引导和及时的帮助。

父母要教会女孩与朋友相处，就要从以下几个方面教导女孩，帮助女孩建立正确的友谊观，引导女孩学会感受朋友的真心。

首先，对于女孩之间的矛盾，父母切勿横加干涉。很多父母都会护短，一旦听到女孩说与好朋友吵架了，父母不询问缘由，就会责怪对方，还会挑唆女孩与对方绝交。父母这样的做法会误导女孩，使女孩养成轻视朋友的不良心态。父母要以公正为原则，怀着息事宁人的态度，教会女孩宽容地对待朋友。

其次，给女孩客观的建议。父母既不要指责女孩的朋友，也不要指责女孩。在女孩倾诉的过程中，父母要耐心地倾听，先不要对女孩与朋友之间发生的事情妄加评判。有的时候，女孩把事情讲述给父母听之后，情绪就会恢复平静，也就不再与朋友斤斤计较了。如果女孩在和父母倾诉完之后依然愤愤不平，那么父母就可以给女孩提出客观的建议，既不偏袒女孩，也不贬低对方，这样才能引导女孩充分思考，最终做出明智的决定解决问题。

再次，教会女孩道歉。青春期女孩的自尊心特别强烈，有的女孩明知道自己错了，也不愿意承认错误，反而会推卸责任给对方。不管是与朋友相处，还是与他人相处，对于女孩来说，这显然不是好习惯。父母为了女孩能更好地与人相处，要教会女孩主动反思自身的行为，一旦意识到自己的错误，就要积极地承认错误，并且主动地承担责任。所谓退一步海阔天空，相信女孩在主动承认错误后，对方也会积极地和解，与女孩和好如初。

最后，理解和体谅对方，宽容和善待对方。有些女孩小肚鸡肠，一旦认定自己是对的，对方是错的，马上就会得理不饶人，抓住对方的错误不愿意放手。这样的行为很招人反感。常言道，以德报怨，就是告诉我们面对对方的错误，我们要宽容谅解，也要帮助对方。当女孩有这样博大的胸怀，还愁不能很好地与朋友相处吗？人与人之间相识就是缘分，女孩与朋友之间的缘分是更加深厚的。俗话说，得饶人处且饶人，就是让我们学会宽容，学会善待。

寻找真正的友谊

在交往活动中,女孩与伙伴们产生了特殊的情感。这种情感产生于女孩和伙伴们之间亲密无间的关系,也产生于女孩与伙伴之间相互关心的情愫。所以说,友谊的本质是双向的,而非单向的。任何单向的良好感受都不能称之为友情,除非单向的付出得到对方的回应,使对方也产生了良好的感受,这才是友谊。即使父母特别爱孩子,每时每刻都陪伴在孩子身边,也不可能完全取代同龄人对孩子的陪伴,更不可能取代朋友在孩子心目中的地位。对于青春期女孩而言,朋友是她们成长过程中得到的最好礼物,使她们获得更多的快乐,使她们减少一半的痛苦,使她们不再感到孤独和寂寞。尤其是在遇到难关的时候,女孩正是因为得到朋友的陪伴和鼓励,才能无所畏惧,勇往直前,才能咬紧牙关,绝不放弃。

真正的友谊,需要女孩付出真心对待朋友,以真诚打开朋友的心扉,才能与朋友之间心意相通,彼此熟知。真正的友谊可遇而不可求,真心的朋友更是值得女孩珍惜对待。为了获得真正的友谊,很多青春期女孩苦苦寻觅。正如古诗云,踏破铁鞋无觅处,得来全不费工夫。其实,女孩无需四处寻找真心朋友,只要自己敞开心扉,真诚待人,很快就能收获真心,收获友谊。

> 在班级里,杨慧是个满怀热情的女孩,对所有的同学都非常友好,而且常常不遗余力地帮助同学。正是因为如此,全班同学都特别喜欢杨慧,

> 也很愿意亲近杨慧。其实，杨慧有一个心愿，那就是她想通过这样的方式和所有同学都成为好朋友，因为她始终牢记妈妈所说的话——多个朋友多条路。每次帮助同学之后得到同学的感谢，杨慧总是特别开心，当然她也不忘提醒对方："没关系，这次我帮你，下次你可要帮助我哦！"有的时候，杨慧遇到困难，那些她帮助过的同学都会主动地帮助她，这使杨慧更加坚信有付出就有回报的道理，也更加相信自己在班级里是得道多助的。
>
> 初三开学，班级里要竞选班干部，杨慧知道学校里有考取重点高中的名额，所以她很积极地参与竞选班长。为此，杨慧精心地准备竞选的演讲稿，找到她帮助过的同学说："亲，把票投给我吧。"杨慧充满信心，认为自己一定可以以超高票当选班长。然而，票数统计出来之后，杨慧感到特别惊讶，因为她的票数非但不是竞选者中最高的，反而是最低的。杨慧想不明白，自己平日里那么尽心竭力地帮助同学们，同学们为何不愿意回报她呢？她伤心极了，不知道自己平日里的努力和付出是否值得，也因而感到特别迷惘。

显而易见，杨慧对于友谊产生了误解，误以为友谊是礼尚往来，也是等价交换。为此，她平日里有意识地帮助同学，希望班级里的每个同学都能成为她的朋友，就是为了在关键时刻能够得到同学们的选票。不得不说，对于十几岁的女孩而言，杨慧的心思太过缜密了，这样会使朋友们感到可怕和寒心。作为女孩，如果认为世界是功利的，朋友之间的往来就是各种各样的利益互换，那么女孩就永远也不会感受到真正友谊的滋味，更不可能结交到真正的朋友。

父母一定要引导女孩领悟友谊的真谛，让女孩知道友谊是心甘情愿的付出，也是不求回报的付出。这正是友谊可贵的地方。人际交往遵循着吸引力法则，换而言之，就是一个人怎样对待他人，就会受到他人怎样的对待。所以杨慧在帮助同学之前就期望回报，使得同学在决定把宝贵的一票投给杨慧之前，也会斟酌杨慧能够给予他们怎样的回报。由此一来，友谊就变了味道，同学也就不可能成为朋友。

作为女孩，固然想要结交那些真心对待自己的朋友，却也要先对朋友毫无保留地付出。当找到与自己心灵契合、志同道合的朋友之后，女孩就要全心投入与对方的交往中。俗话说，路遥知马力，日久见人心。越是在危难的时刻，女孩越是要对朋友付出真心，这样等到女孩遇到困难的时候，即使女孩不张口求助，朋友也会全力以赴。

父母要想帮助女孩找到真正的朋友，就要告诉女孩以下几点。

首先，朋友是真心相对。不要带着功利心去利用任何人，否则就没有人真心对待你。

其次，危难时刻见真情。越是在危难的关头，你越是要坚定不移地站在朋友身边。

再次，区别真心和假意。那些狐朋狗友只是为了利益才与你往来，那些真心朋友往往对你无欲无求。

最后，拒绝不情之请。真正的朋友不会对你提出不情之请，因此你学会拒绝不情之请，也就剔除了那些对你虚情假意的朋友。

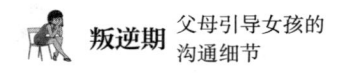

勇敢地说出真话

对于好朋友，到底是否应该说真话呢？很多女孩对此都拿不定主意。她们知道忠言逆耳的道理，害怕真话使自己失去朋友。其实，朋友之间的交往是漫长的过程，好朋友甚至会陪伴我们一生。如果我们与朋友相处想来都是虚情假意地寒暄，那么就不可能互换真心。所以女孩与朋友相处要说真心话，也要坚信真正的朋友不会因为真心话离开我们。

当然，说出真话，并不意味着女孩对朋友不能有秘密。有些女孩盲目地认为与好朋友之间就应该坚持透明的原则，即把自己所有的事情都毫无保留地告诉朋友，对朋友完全信任，绝不怀疑。不得不说，这么想的女孩很有可能没有把握好与朋友交往的度。每个人都是独立的生命个体，哪怕是对自己最亲近的父母，也未必是毫无秘密的，更何况是对朋友呢？所以女孩对待朋友既要勇敢地说出真话，也要斟酌是否把自己的秘密对朋友和盘托出。只有把握好人际相处的界限，女孩才能既做到与朋友坦诚相见，亲密相处，也做到与朋友之间保持安全距离，使得彼此都觉得很安心很舒适。

真心的朋友之间即使因为说真话而产生了误解，不愉快也会随着误解的解除而烟消云散。有些情况下，真话不是为了揭露别人的真面目，而是为了吐露自己的心声，在这种情况下，女孩即使担心不能得到对方的谅解，也应该说出真话。这是因为说真话是对自己和他人负责，也是为了让自己的内心感到更加轻松。

在漫长的人生中，很多人都是我们生命中的过客，他们来来往往，时而出现在我们的身边，时而又会从我们的生命中悄然走失。然而，不管形形色色的人怎么来了又走，走了又回，朋友却始终陪伴在我们的身边。

有了好朋友的陪伴，女孩成长的过程才不会孤单。有了好朋友的陪伴，女孩的生活才会充满乐趣。任何时候都不要违心地对待朋友，更不要对朋友说一些虚假的话。真相虽然使人感到残酷，但是真相却是唯一可信的，而好朋友之间相处的首要原则就是真诚。每一个女孩都希望好朋友更加快乐和幸福，那么就要与好朋友肝胆相照，真心相待。相信当女孩毫无保留地对好朋友说出真心话时，好朋友也必然会坚持对女孩说真心话。这样的朋友之间，即使有误解也会很快消除，即使有不快也只是暂时的。

追星的女孩伤不起

如今，很多女孩都成了追星族。她们或者对某一位明星情有独钟，或者对好几位明星都特别喜欢。和普通人相比，明星生活在聚光灯照耀的舞台之下，所以非常耀眼。又因为明星在公众面前总是表现出自己最好的一面，因而女孩喜欢明星也就情有可原。但是，凡事皆有度，过犹不及，任何事情只有控制在合适的限度内才能起到最好的作用和效果，而一旦超过限度，就会物极必反。因而女孩追星要慎重，也要把握好合理的限度。

近些年来，有些青春期女孩特别狂热地追星，为了追求喜欢的明星，完全失去理性，也不计较付出。这使得她们在追星的道路上伤痕累累，不但使得自己身心俱疲，甚至也给家里带来了很多的负担。其实，很多人都会爱慕、敬仰那些有独特成就的人。有些女孩追星，也有些女孩特别崇拜某些领域中的杰出人才，还有的女孩敬仰自己的父母等。可以说，崇拜、喜欢某个人没有错，重点在于要保持理性，要能够从对方身上学习优秀的品质，获得前进的力量，而非因为狂热的喜爱毁灭自己。

很多青春期的女孩都有自己的偶像，父母应该理解女孩在青春期喜欢追星的心理，也可以回忆下自己在青春时代里喜欢的偶像。从本质上而言，追星并没有错，因为这至少意味着女孩看到了明星身上的闪光点。有些女孩性格内向，还会因为追星而形成自己的社交圈子，渐渐变得开朗起来呢。也有的女孩对于未来原本是没有规划的，却因为喜欢某个明星而发奋读书，希望考到大城市的大学，将来可以亲眼看到明星。这些都成为女孩努力的动力，对于女孩的成长反而是有益的。

然而，女孩追星一定要有限度。有些女孩盲目地崇拜某个明星，不但花费很多金钱去现场听演唱会，而且搜集关于明星的资料还会耽误很多时间。这些女孩对明星只有狂热的喜爱，而没有意识到明星身上有哪些闪光点，所以她们不知不觉间就会迷失自己，迷失在追星的道路上。如今，很多明星都有粉丝团，也有一些不理智的粉丝掺杂其间，无条件支持明星，哪怕明星做出了不好的事情，他们也会声援明星。不得不说，这样不理智的粉丝非但不能从明星身上学到一些好的品质，反而会因此而误入歧途。要知道，明星也是活生生的人，而非无所不能的神。所以女孩要一分为二地看待明星，既要看到明星身上的优点和长处，也要看到明星所有的缺点和不足。当发现偶像犯错的时候，女孩还要摆正心态分析事情的原因，也要积极地从中汲取教训，避免自己也犯同样的错误。如此追星，女孩才能获得成长，获得进步。

勇敢的女孩不惧怕校园霸凌

近些年来,校园霸凌的现象时有发生,而且造成了极其恶劣的社会影响。前几年,关于校园霸凌题材的影片《少年的你》上映,让很多老师、父母和孩子都感触颇深。毫无疑问,父母总是把女孩作为自己手心里的宝贝,小心翼翼地呵护女孩,也会想方设法地满足女孩的各种愿望和需求。然而,当女孩在这样顺遂如意的环境中长大,离开家也离开父母的保护之后,她们却没有能力保护自己,这无疑是很糟糕的。有些女孩娇生惯养,遇到问题只会寻求父母的帮助,而如果父母不在身边,保护她们鞭长莫及,她们就会哭哭啼啼,逆来顺受。正是因为如此,她们才会成为校园霸凌者欺辱的对象。

作为女孩,固然要温柔似水,却也要学会勇敢地面对各种不公平的事情,维护自己的合法权益。尤其是对于那些霸凌者,女孩更是要奋起反抗。在《少年的你》中,一个女孩因为长期被欺辱和凌霸,居然选择了跳楼自杀。这让我们在指责那些霸凌者的同时,也忍不住发问:女孩被欺负到如此程度,为何不向老师和父母求助呢?作为父母,每天和女孩朝夕相处,难道没有发现女孩的异常吗?可以说,任何一方做出积极的举措,都能避免这样的悲剧发生。

从心理学的角度来说,不仅被欺辱的女孩会出现严重的心理问题,那些校园霸凌者可能有更加严重的心理问题。通常情况下,霸凌者内心空虚,感情冷漠,缺乏父母的关爱和陪伴。从家庭教育的角度来说,父母既要避免女孩成为霸凌者,也要教会女孩勇敢应对,以免被欺凌。为了避免女孩成为霸凌者,父母要多多关注女孩的心理发展和情感状态，也要给予女孩无微不至的关心和照顾。为了避免女孩被欺凌，父母要告诉女孩如何进行自我保护，也要让女孩变得更加勇敢坚强。有些女孩特别胆小，一旦被恐吓不许告诉父母，她们就会对自己的经历守口如瓶，这使得霸凌者更加有恃无恐。有些女孩则害怕被报复，哪怕父母和老师发现她们的异常，对她们进行追问，她们也会假装自己平安无事。所以女孩要学会求助，要发出警告，这样才能及时地得到救援。此外，如今法律越来越健全，即使青少年犯罪也不可能逍遥法外，所以父母还要教会女孩以法律为武器保护自己。

通常情况下，女孩的心理承受能力是比较差的，她们从小娇生惯养，遇到事情很容易冲动，还喜欢争强好胜。作为父母，要有意识地引导女孩学会保护自己，能够在人际相处中设身处地为他人着想，这样女孩才会获得安全感，也建立良好的人际关系。通常情况下，校园凌霸的对象往往是那些孤单的女孩，如果女孩常常与朋友结伴而行，那么霸凌者就不会欺凌女孩。俗话说，一个篱笆三个桩，一个好汉三个帮，就是这个道理。

对于任何事情，亡羊补牢都不如防患于未然。作为父母，一旦发现女孩有被霸凌的苗头，就要当即采取措施保护女孩，如和学校里的领导、老师沟通相关情况，教会女孩有效保护自己的措施，必要的时候可以接送女孩等。总而言之，父母切勿轻视校园霸凌现象，只要接收到女孩发出的求救信号，就要引起足够的重视，也要第一时间采取措施。

慎重和网友见面

近几年来,随着网络的普及,网络交友的现象越来越普遍。有些青春期女孩在现实生活中缺少朋友,又没有得到父母的关爱和陪伴,就会逃避到网络世界里,隐藏在屏幕背后和陌生的网友聊天。有些女孩与网友聊天的时间久了,渐渐地对网友产生信任和好奇,还会与网友相约见面。单纯的女孩误以为网络世界里的人们是更加真实的,没有必要以假面相对,所以她们对网友所说的话深信不疑,即使被父母等人提醒要小心防范网友,不要轻易相信网友,更不要和网友见面,她们也不以为然。

那么,女孩为何如此迷信网友呢?一则是因为女孩在现实中缺少朋友,她们感到非常孤单,不想一个人孤零零的,就只能去网络上寻找安慰;二则是因为父母对女孩缺少陪伴。太多的父母都因为忙于工作而忽略了孩子,也有些父母在外地工作,而把孩子留在家里交给老人照看,对孩子就会更加疏于管教。可想而知,孩子和爷爷奶奶等隔代人在一起,顶多能够得到生理需求的满足,而在精神和情感上都是特别空虚的,甚至得不到理解。这使得孩子的内心渴望与人沟通。遗憾的是,青春期女孩特别敏感自尊,她们不愿意把自己的烦恼告诉身边的同学,生怕被同学嘲笑,就只能把苦闷向着网友倾诉。长此以往,网友会取代父母,成为青春期女孩依赖的对象,这使得青春期女孩越来越信任网友,而不愿意亲近和信任父母。每当这时,就意味着家庭教育出现了严重的问题,也就意味着父母与女孩之间的情感联结已经中断,而父母与女孩之间的沟通桥梁也已经轰然倒塌。这就相当于把女孩推出了家门，使得女孩进入到陌生的网络世界，相信从未见过的陌生人。

> 默然正在读初三，是留守儿童。在上初中之前，默然和爷爷奶奶一起生活，自从上初中，默然就开始住校。默然的学习成绩并不很出色，这使得默然对自己的前途毫无信心。有一天，默然给妈妈发微信，说她要去十里地之外见网友。妈妈得知这个消息心急如焚，因为这个网友是个社会青年，默然此前从未见过他。然而，妈妈鞭长莫及，无法跨越千里来阻止默然，而爷爷奶奶年纪大了，也不能肩负这个重任。情急之下，妈妈只好把这个消息告知了老师，并且希望老师能够阻止默然。老师得知消息也非常重视，当即就去宿舍找到默然，做默然的思想工作。然而，默然仿佛着了魔，执意要和对方见面。无奈之下，老师通知默然的爸爸妈妈赶紧回家，自己则悄悄地跟上默然。
>
> 这一天是周六，老师早早地起床守在宿舍门口，生怕错过默然出门。看到默然出门了，老师戴着头盔，骑着电动车，一直跟在默然身上，还要小心翼翼地不被默然发现。很快，默然就来到了约会的地点，并且拿着和对方约好的一本画册。默然独自坐在公园里的长椅上，很快，一个中年男人接近了默然，而且手里拿着和默然一样的画册。默然看到对方显然吓了一跳，当即惊慌地问道："你不是说你才18岁吗？"对方笑着说："我儿子18岁，我已经38岁了。不过没关系，我一点儿也不老，对不对？"说着，对方就要紧挨着默然坐下，默然赶紧站起来试图离开，对方却紧跟着默然。就在这危急的时刻，老师出现在默然面前，假装偶遇，惊喜地招呼默然："默然，你也来公园里遛弯啊！正巧，今天是你师母的生日，你跟我回家一起吃蛋糕吧！"说完，老师就拉着默然离开了，只剩下对方心不

> 甘情不愿地站在原地。默然心有余悸，羞愧地对老师说："老师，谢谢你……"老师知道默然已经得到了现实的教训，这才语重心长地说："默然啊，网络上的人都藏在屏幕后面，你压根不知道对方是好人还是坏人，是男人还是女人，是年轻人还是老人，对不对？以后，可别轻易和网友见面了。"默然沉默地点点头。后来，爸爸妈妈回到家里，妈妈得知事情的经过，当即决定不再外出打工，而是留下来陪在默然身边。

在这个事例中，如果不是老师一直跟在默然身后，默默地守护默然，后果简直不堪设想。在偏僻的公园里，如果对方真的想伤害默然，只怕默然叫天天不应，叫地地不灵了。青春期女孩对外面的世界满怀好奇，她们既想了解更多的事情，也想认识更多的人。此外，她们内心脆弱，也想得到感情的依托。如果她们不能从现实生活中得到满足，那么她们就会在网络世界里寻求满足。作为父母，一定要更加关爱女孩，也要让女孩知道网络有多么黑暗和复杂，女孩才会真正采纳父母的建议，慎重地与网友见面。

当然，这并非意味着女孩不能使用网络，也并非意味着女孩不能以现代化的通讯设备和朋友沟通。其实，女孩可以把现代通讯设备作为与家人和现实中的朋友沟通的便捷方式，如发信息问候好朋友，发信息联络远在外地的父母等。这样，现代化的通讯设备才能起到积极的作用，帮助女孩排遣寂寞，缓解思念。

曾经有研究机构经过调查发现，只有8%的父母完全放心女孩单独外出；有20%的父母比较放心女孩单独外出，而其他的大部分父母都不放心女孩单独外出，更是有相当比例的父母禁止女孩单独外出。这是因为青春期女孩渴望结交朋友，自以为已经长大了，却又心思单纯，为此很容易受到网友的蛊惑。作为父母，要想让女孩彻底打消见网友的念头，就要知道女孩为何想见网友。有些女孩内心空虚，不能好好地与父母沟通，又承受着巨大的学习压力，对外面的世界充满好奇，自然难以克制自己的冲动，想要见到网友。如果在这种情况下，网友对女孩温言细语，认可和肯定女孩，也愿意倾听女孩，那么女孩就会在网友刻意表现出来的假象中越陷越深。

  网络就像一把双刃剑，既为现代人的沟通和交流提供了便利，也给了很多坏人以可乘之机，使坏人借助于网络来掩饰自己，欺骗女孩。有些女孩虽然不想见网友，却会在网友的诱导下说出自己的个人信息，这样一来骗子就会利用女孩的个人信息行骗。如果女孩坚持要见网友，为了让女孩得到教训，那么父母可以陪伴女孩一起去见网友，或者至少要暗中保护女孩。当然，引导女孩把关注点放在现实世界上，也让女孩知道网络世界有多么居心叵测，这才是最重要的。

第八章

少女也识愁滋味，学会排遣忧愁成长更快乐

青春期女孩有各种各样稀奇古怪的想法，这使得她们会有各种各样的烦恼，而非父母所认为的那样无忧无虑。到了青春期，原本乖巧可爱、听话懂事的女孩会暴露出各种问题，父母一定要对女孩充满耐心，而切勿觉得女孩只是"少年不识愁滋味，为赋新词强说愁"。其实，暴露问题反而是好事情，因为这样父母就可以帮助女孩解决问题。反之，如果父母压根不知道女孩到底哪里出了问题，那么也就无从帮助女孩排遣忧愁，让女孩快乐成长。

女孩，不要过度放纵自己

进入青春期，女孩因为各种各样的原因，常常会陷入情绪的低谷，也会为了发泄内心的负面情绪，而做出一些出格的举动。这样的放纵尽管能够偶尔让女孩感到轻松，实际上并不能真正地帮助女孩解决各种问题。对于女孩而言，很有可能因为一时的放纵而导致问题变得更加复杂，难以解决。所以青春期女孩一定要控制好自己的情绪，也要采取有效的方法疏导内心淤塞的负面情绪。尤其是在遇到问题的时候，更不要试图以放弃、放纵等方式帮助自己获得解脱，因为这只会让自己越陷越深。

很多青春期女孩从未出入过娱乐场所，当在偶然的机会中进入娱乐场所之后，她们马上就会被娱乐场所吸引住。在娱乐场所里，她们可以把学习的重任放在一边，可以完全忘记自己的烦恼，纵情欢乐。然而，等到离开娱乐场所之后，她们马上就会发现那些烦恼再次席卷而来，使得她们根本无从招架。不得不说，娱乐场所的声色犬马对于青春期女孩而言就像是一剂强有效的麻醉剂，使得青春期女孩暂时忘却了现实的各种烦恼，沉迷其中。长此以往，青春期女孩就会越来越迷恋逃避的感觉，也会因此使自己陷入恶性循环之中。

作为父母，当发现青春期女孩沉迷于娱乐，也常常放纵自己的时候，一定要引起足够的警惕。父母要对女孩晓之以理，动之以情，也要告诉女孩逃避从来不能解决问题，从而才能引导女孩以正确的方式解决难题。越是面对难关，女孩越是要鼓起信心和勇气，给予自己更多的力量，也要在关键时刻咬紧

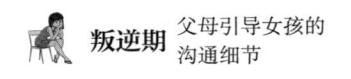

牙关，努力坚持绝不放弃。古人云，山重水复疑无路，柳暗花明又一村。胜利总是属于那些敢于坚持到最后的人。

> 近来，妈妈发现宁宁有一个很不好的行为动向，那就是宁宁自从暑假第一次和几个同学去了KTV之后，最近常常会去类似的娱乐场所，如游戏厅、舞厅、网吧等。妈妈虽然几次劝阻宁宁，告诉宁宁青少年不能出入成人娱乐场所，但是宁宁却不以为然。最糟糕的是，宁宁连作业都不能好好完成了。无奈之下，妈妈只好打电话举报宁宁光顾的成人娱乐场所，说这些场所接待未成年人。虽然相关部门第一时间落实此事，但是还有很多这样的场所呢。妈妈意识到打举报电话并不能彻底解决问题，因而又咨询了专门研究青少年心理的专家，想要得到有效的帮助。
>
> 专家告诉宁宁妈妈：仅凭着娱乐场所拒绝未成年人进入的规定来防范未成年人进入成人娱乐场所，是无法从根本上解决问题的。这是因为商人追求利益，而且很多青少年穿着打扮成熟，而娱乐场所不可能检查每一位顾客的身份证。专家还提醒宁宁妈妈，必须教会孩子自觉主动地遵守规则，孩子才会管理好自己，不沉迷于享受，也自发地远离成人娱乐场所。妈妈茅塞顿开，又请教了专家很多引导青春期女孩的好方法，这才感觉到拨开了迷雾。后来，妈妈在准备充分的情况下和宁宁进行了长谈，取得了良好的效果，宁宁果然有所收敛。

人人都追求享乐，这是人的本能，所以父母完全可以理解青春期女孩为何不愿意学习，反而喜欢去娱乐场所里活动。既然如此，父母就不要严厉地指责女孩，否则就会激发起女孩的逆反心理，使女孩变本加厉。原本，女孩处于青春期就更加叛逆，父母在管教女孩的时候就要更加讲究方式方法，唯有在不激发女孩逆反心理的前提下，父母才能把话说到女孩的心里去，也才能让女孩甘愿采纳父母的建议。

面对青春期女孩的放纵行为，父母要怎么做，才能帮助女孩控制好自己的情绪和行为，不再放纵呢？具体来说，父母要做到以下几点。

首先，需要明确告诉女孩未成年人不能进入哪些成人娱乐场所，这样女孩见到这些场所就会望而却步。其实，很多女孩并非故意进入成人娱乐场所，而是因为不知道这些场所是禁止未成年人进入的。所以父母要对女孩尽到告知的义务，如果女孩明知故犯，则该另当别论。

其次，父母不要带着女孩去那些成人娱乐场所，否则女孩一旦见识到这些娱乐场所的声色犬马，就很容易被吸引，又因为青春期女孩还缺乏自控力，不能很好地自我管理，所以她们就会情不自禁地接近这些场所，也会找各种机会进入其中。作为父母，任何时候都要在女孩面前谨言慎行，切勿只许州官放火，不许百姓点灯。如果父母很想去娱乐场所，那么就要趁着女孩不在家的时候或者把女孩安顿到其他地方。当然，即便不带着女孩去娱乐场所，父母也最好向女孩隐瞒自己的去向，以免激起女孩对娱乐场所的好奇。

再次，面对放纵自己的女孩，父母要多多包容。很多父母一旦看到女孩放纵自己，不问青红皂白，就会狠狠地批评女孩。其实，知女莫若父，知女莫若母。父母作为最了解和深爱女孩的人，任何时候都要坚定不移地相信女孩的本质是好的，这样才能有力地引导女孩，让女孩迷途知返。

最后，关注女孩的朋友，禁止女孩与不良朋友交往。通常情况下，女孩是不会独自一人进入娱乐场所的。很多女孩是跟随父母第一次进入娱乐场所，还有一些女孩则是跟随同伴或者朋友第一次进入娱乐场所。在女孩结交朋友的时候，父母固然不要干涉女孩选择与谁做朋友，却要始终关注女孩的动向，擦亮眼睛，为女孩结交朋友把关。如果女孩与社会上的不良青年交往，那么父母

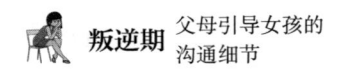

一定要坚决制止。与此同时，父母还要鼓励女孩与班级里品学兼优、积极向上的同学交往，这样女孩才会受到正面的影响。古人云，近朱者赤，近墨者黑，就是这个道理。此外，父母也要选择好自己的朋友，以免在与朋友交往的过程中影响到女孩。总而言之，女孩的健康成长离不开良好的家庭氛围和成长环境，父母一定要致力于为女孩营造更好的成长氛围。

爱说脏话怎么办

很多父母会听到从女孩的口中蹦出各种脏话，为此他们感到特别担忧。他们不知道女孩是从哪里学来的脏话，也不知道女孩是什么时候，和什么人学会了脏话。但是，女孩对此不以为然，她们很热衷于说脏话，因为在心中不满或者情绪不佳的时候，脏话似乎更能够帮助她们表达负面情绪。即便父母当即为女孩指出说脏话的错误，女孩对此也无动于衷。

显而易见，女孩应该讲文明懂礼貌，杜绝说脏话。尤其是很多父母致力于把女孩培养成淑女，那么女孩就应该规范语言，文明守礼。为了帮助女孩戒掉说脏话的坏习惯，让女孩保持良好的情绪，与他人之间进行和谐的沟通，父母必须追根溯源，找到女孩说脏话的真正原因，这样才能有的放矢地解决问题。

父母还要注意甄别青春期女孩到底是在有意识地说脏话，还是只把脏话当作口头禅。如果是前者，那么则意味着女孩的言语礼貌问题更加严重。如果是后者，那么父母要体谅女孩正处于青春期，很有可能为了追求所谓的时髦，就把脏话当作口头禅。当真正理解了女孩为何说脏话，父母就要杜绝给孩子贴标签的行为，而是挖掘孩子说脏话背后的心理原因，从而寻根究源，找到有效的方法教育青春期女孩。重点在于，要帮助女孩改掉不良的表达习惯，使女孩认识到唯有坚持礼貌用语，才能与人顺畅沟通。

> 这天，妈妈去小曲的房间里打扫卫生，看到小曲正使用电脑QQ与同学聊天呢。也许是好奇心作祟，妈妈忍不住偷瞄了几眼小曲的电脑，结果发现小曲和同学之间的聊天记录上充满了脏话。妈妈不由得揪心起来，她暗暗想："难道看似乖巧的女儿学坏了，才会满口脏话吗？"这么想着，妈妈决定先不动声色，等找个机会再打探消息。
>
> 吃晚饭的时候，全家人在一起边吃饭边说笑，气氛特别融洽。妈妈趁此机会"请教"小曲，问道："宝贝，你们班级里有同学说脏话吗？"小曲莫名其妙地看着妈妈，反问道："不说啊！"妈妈假装如释重负的样子，说道："那就好。那天，我听同事说，她家儿子满口脏话，简直不堪入耳。例如，……"小曲惊讶地张大嘴巴看着妈妈，仿佛妈妈是外星人一样。过了片刻，她才夸张地说："妈妈，难道你理解这些话就是脏话吗？"妈妈点点头，说："当然，这不就是脏话么！"小曲哈哈大笑起来，说："如果你真的这么想，那么我告诉你，我们班级里的所有同学都说脏话，我也经常说呢。"妈妈看到小曲如此坦诚，也就直截了当地说："宝贝，作为女孩，说这样的话可不好啊！这些话多么难听啊，你以后千万别说了。"小曲耐心地向妈妈解释道："我们并不是以这些话骂人的，就是大家都这么说，要是我不这么说，倒显得我格格不入呢。"妈妈不知道如何反驳小曲，只好讪讪地说："我还是不理解你们这些小孩子的语言啊！"

在这个事例中，小曲之所以说脏话，是因为她身边的同学和朋友都这么说。环境对人的影响是很大的，青春期女孩又有很强烈的从众心理，这使得她们更加主动地模仿同伴的行为。因此，父母不要对女孩的表现过于担忧，而是要理解女孩之所以说脏话，只是为了随大流，融入身边的人群中，也是为了满足自己的虚荣心。有些女孩甚至不知道自己所说的脏话到底是什么意思，只是觉得自己这么说很酷而已。有些女孩还会以此来标榜自己的与众不同，证明自己紧跟潮流。对于这样的女孩，父母要引导她们思考什么才是真正的潮流，什么才是值得追随的。与此同时，也要教会女孩辨别身边的朋友，识别那些能给自己带来正面影响的朋友，也识别那些总是给自己带来负面影响的朋友。

还有些女孩之所以说脏话，是为了赢得他人的关注。太多的女孩平淡无奇，但是她们都梦想着自己能够成为众人瞩目的焦点，也使自己的内心获得满足。正是因为如此，父母越是批评女孩说脏话的行为，女孩反而会变本加厉，继续说脏话。父母平日里一定要多多关注女孩，让女孩感觉到她获得了足够的重视，这样女孩才不会以说脏话来吸引父母的关注。

更多的女孩会在情绪冲动、愤怒、焦虑的情况下说脏话。每当这时，父母最好采取冷处理的方式对待女孩的这种行为，不要急于批评斥责孩子，也不要急于回击孩子。如果想让孩子主动反思自己的行为举止，父母可以以平静的口吻告诉女孩说脏话招人讨厌，不利于结交朋友。此外，父母一定要给女孩做好榜样，切勿一边自己满口脏话，一边禁止女孩说脏话，这么做的效果当然是很糟糕的。女孩和父母一起生活，每天朝夕相处，把父母的言行举止都看在眼里，所以也会在潜移默化中学习父母的举止和言语，受到父母的极大影响。因而父母要坚持文明和礼貌用语，为女孩营造良好的成长环境，这样女孩才会和父母一样有礼貌，讲文明，成为不说脏话的文明标兵。

女孩要学会自爱

每一个女孩都是家里的重点保护对象,从小就集所有家人的宠爱于一身,爸爸妈妈更是爱护女孩,捧在手里怕摔了,含在嘴里怕化了。哪怕女孩想要天生的星星和月亮,父母只要能够做到,也会摘下星星和月亮给女孩。然而,就是这样被父母小心翼翼呵护着长大的女孩,有朝一日却会故意伤害自己,这自然会使父母感到心碎欲绝。作为父母,既想要保护女孩,避免女孩受到他人的伤害,也要关注女孩的心理和情感状态,以防女孩因为各种心理和情感原因而做出伤害自己的行为。

很多父母对此都感到特别震惊。甚至有些父母直到亲眼看见女孩伤害自己,才会意识到女孩的身心发展出现了问题。其实,女孩是不会突然之间悲观厌世的,可见父母平日里对女孩太过疏忽了,也没有给予女孩足够的关注和关爱,所以才会让女孩的心理异常现象越发严重。从这个意义上来说,父母切勿只顾着照顾女孩的吃喝拉撒和衣食住行。在女孩小时候,父母的重点在于满足女孩的生理需求。随着女孩不断成长,内心更加敏感细腻,父母则要把重点转移到满足女孩的心理和情感需求方面。作为父母,就是应该这样面面俱到地关注女孩,保护女孩,才能让女孩健康成长。

进入青春期,女孩的情绪出现了很大的波动,偏偏很多父母只关注女孩的学习,而忽略了女孩需要得到父母更多的关注和帮助。这使有些女孩陷入了前所未有的孤独状态,她们看似和父母生活在同一个屋檐下,却对父母关闭了自己的心扉，很少主动和父母沟通。有些青春期女孩会把心里话告诉好朋友，有些青春期女孩却不愿意向任何人敞开心扉，她们每天在学校也形只影单。在人声喧嚣中，女孩把自己活成了孤岛，这是非常可怕的事情。

面对青春期女孩，父母切勿以为女孩长大了，不再需要父母细致入微的关注和照顾。其实，女孩只是身体越来越接近成人，她们的心智发育还是不够成熟的。每个女孩的内心深处都住着一个需要保护的小孩，父母要看到女孩心中的小孩，给予女孩更多的呵护，也帮助女孩缓解焦虑和孤独的情绪。尤其是在女孩倍感压力的情况下，父母切勿再盲目地给女孩施加压力，使女孩无法承受。举例而言，每个女孩都希望自己的学习成绩出类拔萃，然而女孩并非凭着主观意愿就能把学习学好。父母要看到女孩在学习方面的努力付出，认可女孩的拼搏精神，也要安慰女孩一时的考试成绩并不代表什么。唯有得到父母的支持和理解，女孩才能获得安全感，也才能更加坦然地面对自己的学习成绩。

毋庸置疑，每一个父母都不想让自己最爱的女孩受到伤害，更不想看到女孩因为内心的孤独寂寞和压力无处排遣而选择自残。为了避免女孩出现自残的行为，父母要更加关注女孩，给予女孩更多的关爱。尤其是当女孩面对来自学习、人际交往等各方面的压力时，父母更是要坚定不移地陪伴在女孩身边，成为女孩坚强的后盾。

为了与女孩之间建立顺畅的沟通渠道，父母还要多多倾听女孩。在倾听女孩心声的过程中，父母要扮演好忠实听众的角色，不要指责和批评女孩，而是要给予女孩积极的回应。相信在父母用心的陪伴下，女孩一定会顺利度过青春期，消除焦虑紧张的情绪，消除巨大的压力。父母要始终坚信，任何事情都没有女孩的快乐与幸福重要。

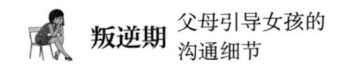

一不小心出糗了

很多青春期女孩把面子看得比天还大,这使得女孩特别在乎自己的面子,也常常会为了维护自己的面子而做出一些举动。很多父母不理解女孩为何特别爱面子,时常会对女孩提出反对意见,而与女孩产生分歧。那么作为父母,切勿以成人的眼光去看待女孩的行为,也不要以成人的标准去评判女孩的决策。父母唯有给予女孩更多的理解和关注,才能有效地帮助女孩缓解紧张焦虑的情绪,使女孩充满底气,哪怕出糗了,也不害怕遭到他人的嘲笑。

现实生活中,很多事情的发展都会超出我们的预期,未必会完全按照我们设想的那样呈现。女孩正处于青春期,把控事情的能力并没有那么强,也不一定能在所有情况下做出明智的决策。有的时候,女孩明知道自己决策失误,也还是会坚持自己的想法,就是害怕被他人嘲笑。对于父母而言,女孩的行为无疑是不可理解的,那是因为父母没有真正设身处地为女孩着想。很多情况下,在父母眼中不值一提的小事情,在女孩心中却是很重要的。父母唯有换位思考,才能理解女孩的所思所想,才能在女孩出糗的状况下给女孩更好的帮助。

> 回想起昨天发生的事情,开开还觉得特别难为情呢。所以,一大早起床之后,开开撒谎说自己肚子疼,想让妈妈帮她请假。其实,开开的想法很简单:"大家很有可能还没有忘记昨天发生的事情,还会嘲笑我。今天

是周五，要是我今天不去学校，再过了周六和周日，大家应该就会忘记我昨天的糗事了。"昨天到底发生了什么呢，居然让开开如此念念不忘？

原来，每天中午午饭之后，老师会组织同学们进行午休。为了让同学们在午休后第一时间清醒，老师会以击鼓传花的方式选出同学进行表演。每次击鼓传花，开开都提心吊胆，生怕自己被选中。结果，她怕什么就来什么，偏偏一不小心把传递的假花掉在了地上。正在这时，鼓声停止了，开开只能硬着头皮上台。情急之下，开开想不出有好的节目，只好为大家表演立定跳远。结果，开开一不小心一屁股坐到了教室里的那盆仙人掌上。虽然穿着厚厚的校服裤子，开开还是被扎了一屁股窟窿，狼狈不堪。可想而知，全班同学哄然大笑，就连老师都笑得前仰后合。开开却疼得龇牙咧嘴，由好朋友陪着去医务室涂药。没想到，医务室的校医得知开开受伤的经过，也忍不住笑起来。

妈妈看到开开假装肚子疼，看透了开开的小心思，索性挑明了说："开开，偶尔娱乐一下大家，没什么不好的，就当是给大家送欢乐了呗！"开开难为情地说："反正我今天不去学校，我保证在家里自学，不会落下新课和作业的。妈妈，你就帮我请假吧。"架不住开开软磨硬泡，妈妈只好答应了开开的请求，为开开请假休息一天。老师还在电话里关切地询问开开屁股上的伤情呢，开开恨不得找个地洞钻进去。

在这个事例中，开开一不小心出糗了，觉得在同学面前丢了面子。对于女孩而言，不小心当众扎到屁股，的确是很尴尬的事情，所以开开试图以请假的方式逃避同学们的笑声，也是情有可原的。幸好到了周五，中间还隔着周末两天，否则开开以请假方式逃避的小心机就不能实现了。

同学们每天在一起学习和生活，彼此陪伴的时间很长，所以每当有突发情况的时候,也许父母还没有得到消息,班级里的同学们就已经传得尽人皆知了。作为女孩,一定要让自己的内心强大,提升自己的承受能力,这样才能在不小心出糗的时候给自己解围。进入青春期,原本懵懂无知的女孩变得特别看重自己的形象,她们最想做的事情就是维护自己的良好形象,她们最害怕的事情就是被其他同学或者身边的人嘲笑。洞察了女孩这样的心理,当女孩因为各种事情而出糗时,父母不要哈哈大笑,否则哪怕父母的笑是善意的,女孩也往往会感到很尴尬。在家里父母还会顾及女孩的情绪和颜面,在家以外的地方,如果女孩出糗,周围的人哈哈大笑起来,女孩又该怎么办呢?明智的女孩不会因为出糗而气急败坏,反而会想出有效的办法来帮助自己解围,这样就能消除尴尬,也可以让自己变得更加自在。

例如,女孩可以自我解嘲的方式,让自己尽快地消除尴尬。女孩还可以设身处地为其他人着想,假想如果现在有其他同学和自己一样出糗,自己又是否会善意地笑起来呢?既然如此,女孩就不要怀疑所有人都在嘲笑自己,没有了如芒在背的感觉,女孩自然不会那么尴尬了。此外,女孩还要改变以自我为中心的错误想法。很多女孩习惯了以自我为中心,她们总觉得所有人都在关注自己,也会因为自己的举动和言行而做出相应的反应。女孩这么想完全是多虑了,因为每个人都有自己的事情需要完成,所以并没有那么多人会一直关注女孩,并且始终因为女孩出糗而保持笑容。

尤其是在学校里,因为紧张的学习,气氛往往是比较凝重的。其实,不管是女孩偶然出糗,还是其他同学偶然出糗,都能给同学们带来欢乐。有些女孩因为自身的缺点和不足而出糗,那么要想到金无足赤,人无完人,每个人都有缺点和不足,所以别人会因为女孩出糗而笑起来,女孩同样会因为别人出糗而笑起来。这只是调节气氛的小事情,无须挂在心上。

父母要告诉女孩,在漫长的人生中,青春期是最美好、最宝贵的时光。

很多人即便走过青春期，步入成年，也依然会回忆起自己青春最美好的时候。在青春期，女孩应该充满自信，充满快乐，切勿因为谨慎和胆小，又过于看重面子，就使自己畏手畏脚。内心足够强大的女孩，不但不怕自己因为出糗而惹得别人发笑，还会主动地暴露自己的一些小缺点，引人发笑。当女孩成为开心果，相信越来越多的人都会发自内心地喜欢女孩，也会大力地支持女孩的。

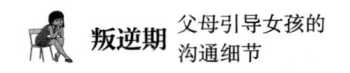

不当"坏女孩"

每个女孩的心里都住着一个小孩,这个小孩有的时候非常乖巧可爱,有的时候却又顽皮淘气,故意捣乱。这就是女孩心中的小我,女孩在他人面前也许会表现得非常好,但是在面对内心深处的自己时,却会坦然地露出本性。有的女孩渴望获得无拘无束的自由,有的女孩渴望能够叛逆一次让父母大跌眼镜,有的女孩想要做一些出格的事情。总而言之,一个人很难每时每刻都保持绝对的完美,作为女孩自然也是如此。所以父母在看到平日里乖巧可爱的女孩突然间离经叛道的时候,切勿给女孩贴上"坏女孩"的标签,而是要想到女孩只是累了,想要释放自己而已。

和其他年龄段相比,女孩在青春期是更加叛逆的。她们自以为长大了,不愿意再完全听从父母的安排,她们渴望摆脱父母的管束,无拘无束做自己的事情。然而,她们的心智还没有发育成熟,也不具备掌控情绪的超强能力,这使得女孩在进入青春期之后常常情绪波动,对于妈妈爱的叮咛也感到非常厌烦。其实,女孩需要找到更好的方式应对青春期,这样既能获得自己想要的自由,也能和父母之间维持良好的关系,可谓一举两得。当然,这并不容易,因为别具一格的女孩总是那么引人关注,揪着爸爸妈妈的心。从这个意义上来说,做青春期女孩的父母,父母必须修炼自己的内心,让自己变得更加强大,也具有超强的承受能力。与此同时,父母还要更加沉得住气,不要因为女孩的一点点风吹草动就草木皆兵,更不要因为女孩不能让自己满意,就全盘否定女孩。父母要知道，从现在开始，父母与女孩之间就是好朋友了，所以必须互相尊重，彼此平等对待。那么，父母也就不要居高临下地批判青春期女孩，而是要给予青春期女孩更多的尊重和信任，也真正能够以建议的方式与女孩沟通。

有些女孩尽管有一些调皮捣蛋的举动，但本质却是不坏的。所谓坏女孩，品质恶劣，会故意地伤害他人，因而从来不受欢迎。

女孩进入青春期会成为矛盾体，这是因为她们对于很多事情都怀有截然不同的态度，也因为思虑不够周全而无法在短时间内就做出正确的决策。为此，青春期也是一个试错的时期。青春期女孩对很多事情都满怀好奇，但是即使女孩真的这么做了，也不代表她们本质恶劣。要知道，女孩在青春期就是会有各种异常反应，又因为她们更加关注自身，更加叛逆，所以她们做出一些出格的举动也就不奇怪了。

有些青春期女孩还特别喜欢"非主流"，把自己打扮得与众不同。其实，她们只是为了吸引他人的眼球，赢得关注而已。又因为情绪反复多变，所以女孩时而简单低调，时而复杂高调，时而胆小怯懦，时而胆大妄为。由此可见，青春期女孩本身就是多变的，这是因为她们也在与自己内心的孩子做斗争，看看到底是理智战胜冲动，还是冲动弥散了理智。

在青春期，女孩一定会有很多烦恼，这也使得她们的行为有所不同。作为父母，要看到每个女孩作为独立生命个体的特殊性，要致力于满足女孩的需求，而不要以偏概全，一旦看到女孩做的不能得到父母的认可，或者看到女孩有捣蛋的念头，就故意贬低和打压女孩，更不能给女孩贴上"坏女孩"的标签。这是因为女孩还缺乏自我评价能力，出于对父母的信任，女孩很有可能把父母对她们的评价作为自我评价，所以父母的评价往往会误导女孩。既然如此，父母就要慎重地评价女孩的行为举止，也要引导女孩控制内心的小孩，做出更好的举动。

在青春期，女孩会形成人格品质、心理特征和价值观念。可以说，青春

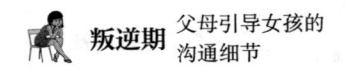

期也是女孩的塑形期。所以父母要抓住青春期，引导女孩健康成长。除了得到父母的助力之外，女孩也要激发自身的力量，抵御内心深处伸头探脑的坏念头，让自己和生命本身都变得更加美好圆满。

适度使用电子产品

现代社会，很多人都习惯于使用电脑、手机、平板等电子产品。对于他们而言，如果没有这些电子产品，生活就会变得没着没落。曾经有研究机构经过调查发现，很多成人一天之中会数次无意识地拿起手机翻看，生怕错过了任何重要的信息，还有很多成人时不时地就会打开手机，浏览网页或者小视频。手机到底有何魅力呢，让人念念不忘？这是因为现代人越来越依赖电子产品，也渐渐地忽略了在现实中与身边的人互动导致的。在家庭生活中，如果父母本身就是不折不扣的"低头族"，有一点点时间就想拿起手机，那么孩子就会受到父母的负面影响，也特别依赖手机。

作为父母，切勿觉得只有男孩才会迷恋手机，当发现女孩频繁地使用手机时，也要引起重视。通常情况下，男孩更喜欢玩手机游戏，女孩则除了玩手机游戏外，还会看短视频等。不管因为什么原因导致孩子们过度依赖手机，超限使用手机，都会消耗孩子们的时间和精力。对于青春期女孩而言，正处于初高中的关键学习时期，时间原本就很紧张，精力也是有限的。所以一定要控制好手机的使用，也要更多地关注现实生活。有研究显示，长期使用手机，不但会消耗女孩的时间和精力，使女孩的学习成绩下降，还会降低女孩的语言和表达能力，损害女孩的专注力，使女孩无法长时间专注地学习。由此可见，手机虽然给女孩的生活带来了一些便利，却不是女孩的必需品，所以要有限度地使用。

> 最近这段时间，妈妈发现张旭使用手机的次数越来越多，每次使用的时间也越来越长。随之而来的，是张旭完成作业需要的时间更长，而且老师反馈张旭作业的质量大大下降。妈妈当即就想到张旭一定是在写作业的时候玩手机了，所以才会导致这一系列的问题。妈妈原本想没收张旭的手机，却遭到了张旭的强烈反对，张旭甚至不惜以绝食与妈妈抗争。妈妈丝毫没有退让，对张旭说："如果你反应不这么过激，我可能还没有那么坚决要没收你的手机，只是提醒你适度使用而已。但是看到你现在的反应，我更加坚定了没收手机的决心。你再这么迷恋手机，只怕将来连普通高中都考不上。"
>
> 妈妈的担忧不是没有道理的，张旭正在读初三，处于学习的关键期。如果张旭总是这样玩手机，写作业的时候三心二意，学习就更是会大幅度退步。看到妈妈的态度这么坚决，张旭只好作罢。当然，妈妈也不是完全禁止张旭使用手机，张旭有需要的时候可以用妈妈的手机查资料，而且妈妈还允诺张旭，只要在下次考试中进步十个名次，就可以每天使用半小时手机。这成为了张旭学习的动力，张旭之前害怕考试，现在却每天都全力以赴地复习，准备投入考试。其实，她是期待着与手机重逢呢！

青春期女孩虽然长大了，也比小时候懂事了，但是自控力还是有限的。就算是成人在工作的过程中也会忍不住想要拿起手机开小差，更何况是孩子呢？所以父母固然要信任女孩，却不要迷信女孩的自控力，而是要为女孩制定规则，如规定女孩每天只能使用十分钟手机，还可以规定女孩必须把手机放到客厅里接受监管，从而避免女孩在父母不知情的情况下无限度使用手机。父母要有耐心地引导女孩，而不要任由女孩放纵自己，这样女孩才会渐渐地养成适度使用手机的好习惯。

此外，父母还要告诉女孩发挥手机的正面作用。很多女孩拿起手机不是玩游戏，就是看无关网页，或者看小视频。手机就像是时间的黑洞，正在无情地吞噬女孩的时间。仅从表面看来，一个小视频只有几分钟的时间，但是女孩一个接着一个地看小视频，时间很快就会流逝了。所以女孩必须发挥手机的正面作用，如可以使用手机看新闻，还可以使用手机查阅必要的学习资料等。如果已经完成了学习任务，那么可以使用手机适度放松，但是一定要控制好时间。

具体来说，父母要做到以下几点，才能帮助女孩戒除手机瘾。

首先，父母要高质量地陪伴女孩。很多女孩之所以爱玩手机，是觉得很无聊，没有什么有趣的事情可以做。这是因为父母在陪伴女孩的时候，虽然人陪在女孩的身边，眼睛却在盯着手机。还有些父母名义上是在陪伴女孩，却与女孩人手一部手机，各玩各的。不得不说，这样的陪伴有还不如没有呢，反而使女孩更加心安理得地玩手机。

其次，父母要放下手机，多多关注和陪伴女孩。女孩要养成生活和学习的好习惯，父母同样要养成生活和学习的好习惯。很多父母不能区分生活与工作，即便回到家里，也依然拿起手机在工作，久而久之，就会使女孩缺少陪伴。作为父母，要弄清楚工作是为了更好地生活，也是为了更好地抚养女孩长大成人。既然如此，父母就不要因为工作而占用陪伴女孩的时间。明智的父母会准确分隔生活与工作，在工作的时候，就全力以赴投入其中，在生活的时候，就全心全意享受生活。最好的方法是，下班回到家里之后，除非在等重要的电话，否则可以把手机调整到震动状态，从而避免被打扰，专注地陪伴女孩。此外，也可以把手机放到一个专门的盒子里，这样就能够心无旁骛地投入生活，也可以专心致志地陪伴女孩。

总而言之，虽然电子产品给我们的生活带来了极大便利，却也在无形中侵蚀我们的时间。作为父母，要给女孩做好榜样，控制使用电子产品的时间，这样女孩才会愿意效仿父母的样子，也适度使用电子产品。

第九章

雨季不烦恼,青春期女孩要了解自己的身体

进入青春期,男孩和女孩都开始发育第二性征,因而男孩与女孩之间的差别越来越明显。和男孩相比,女孩是更加细心的,因而女孩开始特别关注自己的形象,也会留意异性的行为举止。因为身体上的快速发育,青春期女孩会产生各种各样的烦恼。每当这时,父母就要为女孩的成长保驾护航,告诉女孩生理上的变化是正常的,及时地为女孩消除烦恼。

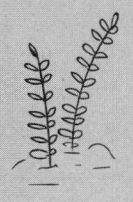

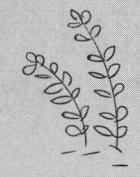

初潮是什么

初潮，就是女孩的第一次月经。初潮到来，标志着女孩正式进入青春期，也标志着女孩进入了性生理发育的漫长过程。从生理学的角度来进行分析，初潮是因为女孩进入青春期之后体内分泌出大量的雌激素，因而使得子宫内膜受到雌激素的刺激，进行发育。对于初潮，很多女孩会感到手足无措，那么妈妈就要给女孩普及生理知识。也有的妈妈会提前对女孩进行生理知识的普及，让女孩在初潮来之前就知道初潮到底是怎么回事，从而避免女孩感到紧张和焦虑。

在了解了初潮形成的原因后，女孩尽管可以做到心中有数，但是等到初潮真正来临的时候，女孩还是会紧张慌乱。这是因为初潮的到来，会使女孩出现一系列的身体反应和心理反应。在身体方面，女孩会有不同程度的腹痛，还会感到腰酸乏力，疲劳嗜睡。在心理上，女孩会觉得紧张、害怕，也会感到很好奇，很害羞。这些身体和心理症状都是正常的。女孩需要注意的是，在生理期，要避免进行剧烈的运动，也要注意经期卫生。为了帮助女孩更顺利地度过初潮期，父母要为女孩准备卫生用品，这样会让女孩减少尴尬。如果女孩迎接初潮恰巧是在校园里，那么可以向女性老师寻求帮助。

> 圆圆今年14岁，是一名初二学生。最近，圆圆常常感到腹部疼痛，妈妈特意带着圆圆去问诊，医生说圆圆快来初潮了，让妈妈为圆圆准备好卫

生用品，也要向圆圆讲述初潮的产生和形成，从而帮助圆圆做好心理准备。妈妈既担心又有些开心，这是因为初潮到来就意味着圆圆真正长大成人了。回到家里，妈妈耐心地向圆圆讲述了初潮的形成，还告诉圆圆在月经期间需要注意的事项。听着妈妈的讲述，圆圆感到很不好意思，一直低着头。妈妈对圆圆说："圆圆，初潮到来，意味着你的身体越来越成熟，也意味着你有了生育能力。从生理意义上来说，女性来了初潮，就可以生儿育女了。所以等到初潮真正到来，妈妈要恭喜你，再为你准备一个蛋糕好好庆祝一下，好不好？"圆圆害羞地问："要这么大张旗鼓地庆祝吗？好害羞呢！"妈妈笑起来，说："这是正常的生理现象，没什么好害羞的。女儿长大了，我和爸爸都很为你高兴呢！"

三个月后，盛夏的中午，圆圆正在午睡，突然感到私处有些异常，就赶紧起床去卫生间查看情况。她发现自己的内裤上有血迹，赶紧打电话告诉妈妈。妈妈安抚了圆圆之后，告诉圆圆："妈妈为你准备的安全裤和卫生巾就在柜子里，你去拿出来用吧。注意，要先用温水清洁，再换上干净的内裤，使用卫生用品。还有，妈妈提前为你准备的益母草冲剂就在药柜的最上层，你用热水冲一杯，趁着温热喝下，这样能缓解经期疼痛。"在妈妈的远程指挥下，圆圆很快就处理好一切。傍晚，爸爸妈妈一起回到家里，还拿回来一个很大的蛋糕以及一只老母鸡。妈妈为圆圆炖了老母鸡汤，爸爸还下厨做了好几道圆圆爱吃的美味佳肴。在爸爸妈妈的关心下，圆圆开心极了，一点儿都不紧张和害怕。

初潮到来，对于青春期女孩而言是值得庆祝的事情，这意味着女孩真正长大成人了。当然，也要做好充分的准备，女孩才不会措手不及。妈妈尤其是要为女孩做好初潮到来的心理准备，提前告诉女孩初潮是什么，又是如何形成的。

通常情况下，女孩在十二三岁会来初潮。不过，每个女孩的身体情况、遗传因素、营养状况不同，所以初潮到来的时间也会有所差异。有的女孩营养过剩或者摄入了雌激素，会提前到9岁或者10岁就来初潮。有的女孩身体成熟比较晚，也有可能到十七八岁才来初潮。如果女孩早于9岁，或者到了20岁之后还没有初潮，而且身体也有不适，那么就要及时就医，查明原因。自从初潮到来之后，在接下来的几十年时间里，女性都会与月经相伴。为此，很多女性为月经起了个亲切的名字，称呼其为"大姨妈"或者"好朋友"。虽然在月经期间，女孩的身体会有很多不适，但是既然月经是"大姨妈"或者"好朋友"，女孩就要学会与月经相处，也能了解自己的身体在月经期间会有哪些不适，从而做好准备迎接月经到来。

具体来说，父母要帮助女孩做好以下准备。

首先，告诉女孩初潮是如何形成的，帮助女孩消除对初潮的恐惧。很多女孩面对初潮到来会有不同程度的身心反应，有些女孩的身心反应会持续比较长的时间，在月经到来之前和月经结束之后都有反应。父母既要为女孩讲解生理期知识，也要为女孩提供卫生用品，帮助女孩顺利度过月经期。

其次，在家庭范围内举行庆祝仪式，庆祝女孩长大成人，这样女孩就不会觉得月经是麻烦事，而是会调整好自己的心态，处理好月经期间的各种事情。当然，如果女孩特别害羞，不好意思把这件事情和爸爸分享，那么妈妈要尊重女孩的意见，可以和女孩偷偷地庆祝。

最后，采取措施，缓解女孩的经期不适。女孩正处于学习阶段，即使到了月经期，也要正常地学习。所以妈妈要采取有效的措施帮助女孩缓解经期不适，如给女孩准备驱寒补血的姜糖水或者益母草冲剂。为了避免女孩在学校期间因为正值经期而很不方便，还可以为女孩准备便捷易用的安全裤和卫生巾等。需要注意的是，女孩在初潮之后的一两年内，月经的到来缺乏规律，往往

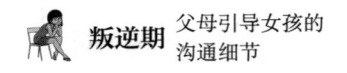

要到一两年之后，才会变得更有规律。通常情况下，成熟女性的每次月经会持续3~7天时间，每个月经周期为28~30天。

总之，女孩的成长离不开父母的陪伴和关爱。通常情况下，女孩更愿意和妈妈说起这些关于隐私的事情，而不好意思把这些事情告诉爸爸。但是，在很多单亲家庭里，爸爸负责养育女孩，所以可以提前购买相关的书籍给女孩来了解生理知识，也可以拜托家里的女性亲戚向女孩普及相关的生理知识。

保护好胸前的花蕾

初潮的到来标志着女孩进入了青春期，进入青春期之后，女孩的第二性征开始发育。很多细心的女孩会发现自己的胸部不知道从什么时候开始隆起了。如果此前不曾了解过相关的生理学知识，那么女孩就会感到很害怕，也会担心自己是否生病了。作为妈妈要尽到责任，在女孩进入青春期的第一时间里，就对女孩普及关于青春期的知识，也让女孩知道胸部发育是青春期的正常生理现象。

在青春期，面对身体的快速发育和变化，女孩原本就会感到紧张焦虑。既然如此，妈妈当然要未雨绸缪。除了为女孩讲述生理学知识外，妈妈还可以购买一些关于青春期的书籍给女孩看，相信这对于女孩也是很好的帮助。如果女孩不好意思听妈妈讲述生理知识，那么就可以自己阅读书籍，为心中的疑惑寻找答案。

> 最近这段时间，豆包特别害怕上体育课。在有体育课的日子里，她早晨出门的时候都会很发愁，还小声地嘀咕道："哎呀，怎么又上体育课了。"有一天，妈妈听到豆包的嘀咕，纳闷地说："豆包，你不是向来最喜欢上体育课的吗？现在怎么不愿意上体育课了呢？难道体育老师很凶吗？"在妈妈一连串的问题下，豆包欲言又止，为难地摇摇头。妈妈急着上班，没有时间详细询问豆包。

傍晚，妈妈下班回到家里，顾不上做饭，又去问豆包。看着妈妈打破砂锅问到底的模样，豆包无奈地指了指自己的胸部，说："每次上体育课跑步的时候，这里很难看。"妈妈恍然大悟，这才发现豆包的胸部已经发育了。妈妈又问道："豆包，你的胸部有什么感觉吗？"豆包认真地想了想，说："洗澡的时候，我感觉里面硬硬的，有的时候还会有点儿胀痛。"妈妈点点头，说："这就对了。"豆包纳闷地问："妈妈，我都不舒服了，你怎么还说对了呢？"妈妈笑起来，说："青春期女孩胸部发育，就是这个感觉啊。至于体育课，妈妈要向你道歉，因为是妈妈疏忽了。我马上就帮你想办法解决问题，让你再也不害怕上体育课。"说完，妈妈拿出软尺仔细测量了豆包的胸部尺寸，又打开手机给豆包订购了胸衣。

第二天，胸衣到货，妈妈让豆包试穿。豆包穿上之后，感觉特别难受，问妈妈："妈妈，穿着太难受了。我可以不穿吗？"妈妈对豆包摇摇头，继续说道："豆包，成熟的女性都要穿胸衣，一则可以固定胸部，避免运动的时候尴尬，二则可以托住胸部，塑造体形，否则胸部继续发育，就会下垂。你觉得难受，是因为还不习惯。等慢慢习惯了，就好了。"在妈妈的坚持下，豆包穿了几天胸衣，渐渐地就习惯了。从此之后，豆包再也不害怕上体育课了。妈妈还告诉豆包："豆包，在青春期，胸部发育很快，所以如果觉得胸衣不合适了，你要及时告诉妈妈，重新选购。"豆包搂着妈妈的脖子，亲昵地对妈妈说："妈妈，谢谢你！"

进入青春期之后，女孩体内分泌出大量的雌激素，在雌激素的作用下，乳腺开始发育，而且囤积了很多脂肪。脂肪组织非常柔软，可以保护比较硬的乳腺组织，这是人体神奇的构造。很多女孩洗澡时摸到的胸部的硬块，就是乳腺组织。需要注意的是，切勿挤压乳腺组织，这是因为乳腺组织就像是一串串葡萄，非常娇嫩，女孩必须保护好自己的胸部，以免受到碰撞和挤压。随着不断地发育，女孩的胸部发育成熟，乳腺组织周围包裹的脂肪越来越多，乳房就会更加凸起，而且越来越有弹性。

对于胸部的发育，很多女孩会觉得不好意思，生怕别人投来异样的眼光，为此她们会故意含胸驼背，日久天长身体就会佝偻，显得不够挺拔。妈妈要告诉青春期女孩正确看待胸部发育，也让女孩意识到这是女性特有的美。当然，为了帮助女孩保护好娇嫩的乳房，妈妈也要及时帮助女孩购买胸衣，这样既有利于女孩运动，也有利于胸部发育。

女孩渐渐长大，要有保护隐私的意识。作为妈妈，应该特别提醒女孩保护好乳房，不允许任何人触碰。如果有人故意侵犯女孩，女孩就要勇敢地反抗，也要积极地求救。需要注意的是，在月经期间，很多女孩的胸部都有胀痛感，这是因为月经期间身体内雌性激素水平变化导致的。女孩要注意月经期间健康饮食，不要吃辛辣油腻的食物，这样就能缓解不适。此外，为了保证身体发育，女孩还要摄入足够的营养。很多青春期女孩盲目减肥，采取节食的方式试图把自己饿瘦，这是不利于身体健康的，也会影响乳房发育。所以妈妈要督促青春期女孩按时吃饭，摄入均衡的、充足的营养。

最后，妈妈还要帮助女孩了解乳房，也要保证乳房的卫生。在不断发育的过程中，乳腺会分泌出一些分泌物，这是正常的，女孩无需为此担心，只需要以干净的纯棉毛巾擦掉即可。在擦拭的过程中，女孩要保护好乳头，不要用力擦拭。每天晚上洗澡的时候，女孩还要以沐浴露均匀地涂抹乳房，保持清洁。总而言之，对于女性而言，乳房是美的象征，也是重要的性征。面对身体的发育，女孩要更加坦然从容，而切勿担心。

要减肥,更要健康

在以瘦为美的社会审美环境中,很多青春期女孩为了让自己更瘦更美,都会不择手段地减肥。为了尽快地瘦下来,又因为没有毅力迈开步,女孩们就只能牺牲口腹之欲,勒紧裤腰带,以节食的方式减肥。然而,女孩在青春期快速生长和发育,原本就需要更多的养分,现在却反其道而行,不供给身体足够的养分,久而久之,内分泌就会出现紊乱。很多女孩因为过度节食患上了贪食症或者厌食症,还有的女孩既想吃饱肚子,又想减肥,就采取催吐的方式把吃到肚子里的食物再吐出来。这样的方法只是听起来就让人感到胆战心惊,对身体的损害可想而知。

其实,单纯地以瘦为美是不正确的。对于女孩而言,最重要的不是瘦,而是健康。如果女孩过度肥胖,那么的确需要通过合理的方式减肥,第一目的就是为了恢复健康,第二目的才是让自己变得更美。只有摆正健康与美的正确顺序,女孩才能保证自己既健康,又美丽。

爱美之心人皆有之,女孩追求美丽的心情,父母应该表示理解。对于女孩而言,只有美丽的相貌也是不够的,还要苗条纤细、轻盈曼妙的体态,这才完美。女孩的爱美之心越是强烈,对美的追求也就越是猛烈。现实生活中,很多女孩都因为肥胖而自惭形秽,她们不愿意与人相处,更不愿意去公开的场合。她们只想躲起来,默默地哀叹自己因胖而丑,不得不说,肥胖和自卑的摧毁力简直超乎我们的想象。也有极少数女孩虽然胖,却很自信,也很乐观开朗，她们总会绽放出别样的美丽，以强大的自信征服他人。遗憾的是，这样的女孩少之又少，绝大多数女孩都因为肥胖而自卑。

在想方设法减肥的时候，节食往往是女孩的首选。这是因为节食简便易行，而且效果立竿见影。相比起运动还需要场地，而且大多数女孩都怕累，没有毅力坚持运动，就使得节食更加受到女孩的追捧。然而，节食并非像女孩所想的那样只是少吃一点儿那么简单，因为这不仅会引起身体一系列的反应，而且女孩会因为常常处于忍饥挨饿的状态而情绪低落。

在初中阶段，小燕从来不因为自己太胖而发愁，她似乎压根没意识到胖是一件使人自卑的事情。所以小燕常常自诩是一个快乐的胖子，每当看到身边有女生节食减肥，小燕总是不以为然地说："减肥干吗？看着美食却不能吃简直是人间极刑，我还是愿意当胖子。"然而，升入高一，小燕的想法突然之间改变了。这是因为有个同学嘲笑小燕是"肥仔"，而且那些又瘦又美丽的女生都不愿意和小燕一起玩。

原本开心快乐、无忧无虑的小燕陷入了莫名的烦恼之中。思来想去，她意识到肥胖是自己苦恼的根源，因而暗暗想道："这有什么关系，减肥就好。我要节食，不但能减肥，还能节省下钱来买漂亮的衣服呢！"为此，小燕早晨只吃一个白水煮蛋、一小块面包或者一片饼干，再加一杯牛奶。有的时候，看到体重反弹，小燕还会选择不吃早饭。中午，小燕只吃一个馒头或者一小碗米饭，再加上一个素菜。晚上，小燕只吃黄瓜、西红柿和苹果。半个多月后，小燕惊喜地发现自己瘦了好几斤。但是，小燕时常感到头晕，有一天居然在教室里晕倒了。同学们火速把小燕送到医务室，校医给小燕喝了一瓶葡萄糖，小燕才渐渐醒来。后来，爸爸妈妈带着小燕去医院里全面体检，医生诊断小燕因为节食引发了昏厥，还告诫小燕

> 要健康减肥，切勿节食。有了这次教训，小燕再也不敢盲目节食了。她采取控制饮食和坚持运动的方法，虽然并没有减轻多少体重，但是感觉身体变得轻盈很多。日久天长，小燕体态越来越匀称，虽然还在微胖界，但是她再也不为肥胖而烦恼了。

在高中阶段，学习负担比初中阶段更加繁重，所以早晨一定要吃好，坚持高蛋白饮食，还要摄入碳水化合物。显而易见，小燕的早晨并不能满足她的身体需求。此外，中午和晚上，小燕或者吃得少，或者索性不吃，同样严重损害了她的身体健康。父母一定要告诉女孩身体健康的重要性，让女孩把身体健康放在第一位，即使减肥，也要以保证健康为前提。此外，父母还要引导女孩制定合理的运动计划。很多女孩还处于婴儿肥的状态，所以经过运动之后，女孩即使没有减重很多，也可以给自己的身体塑形，使自己看起来更加赏心悦目。

此外，在养育女孩的过程中，父母还要有意识地帮助女孩控制体重。很多父母爱女心切，从小就给女孩吃很多美味的食物，导致女孩的体重渐渐超标。殊不知，长到身上的肉是很难减下来的，所以女孩一旦增肥成功，就很难减肥。如果父母在女孩小时候就能有意识地帮助女孩控制体重，让女孩从小就保持匀称苗条的体态，体重适中，那么女孩长大之后就会少了减肥的烦恼。

在家庭生活中，父母也要给女孩做好榜样，均衡饮食。在提供给女孩饭菜的时候，父母切勿顺从女孩的意愿，只给女孩提供爱吃的肉类等，也要给女孩提供蔬菜、水果等食物，这样才能避免女孩摄入太多的肉类和碳水化合物。好的饮食习惯要从小培养，当女孩学会适度摄入饮食，那么女孩就不会长得太胖，也不会过于瘦弱。

总而言之，女孩追求美是没有错的，却要以科学合理的方式进行。如果女孩总是为了美而不择手段，甚至不惜以身体健康为代价，那么这样的美是不值得推崇的。作为父母，也要未雨绸缪，从小就培养女孩良好的饮食习惯，这样女孩才会健康又美丽。

痘痘给女孩带来的烦恼

进入青春期，很多女孩都为面子问题而感到烦恼。毋庸置疑，每个女孩都希望自己的皮肤光洁细腻，尤其是希望自己面部的皮肤如同雪一样白。然而，命运似乎故意捉弄女孩，很多青春期女孩脸上都长满了痘痘，这使得女孩原本无忧无虑的青春时光里掺杂了一丝丝无奈和焦虑，也由此而变成了一场"战痘"战役。

因为痘痘，很多女孩都感到自卑，她们不愿意以长满痘痘的脸面对他人，也绞尽脑汁地打听偏方，想方设法地根除痘痘。为此，她们刻意地远离他人，只想找个没人的角落偷偷地藏起来。由于紧张焦虑，她们对待学习也三心二意，整个人都抑郁自卑，无精打采。虽然在很多父母心中痘痘只是青春痘而已，等到女孩长大了就会缓解和好转，但是在女孩心中面子问题事关重大，她们不得不对此万分关注。

> 从初一开始，小薇脸上就开始长出青春痘。到了初二，青春痘简直发展到巅峰，使小薇的整张脸上都遍布红肿的疙瘩，有些疙瘩顶部还有一些白色的脓包呢。且不说脸上又疼又痒，只是看起来满脸红包的模样，就让小薇自惭形秽。如果不是因为每天都要上学，小薇压根不愿意见人。在学校里，一旦有同学讨论关于皮肤的问题，小薇就赶紧躲得远远的，不愿意在一旁听着，生怕那些人把话题转移到她的脸上。就这样，

> 小薇每天都像是在做贼，总是偷偷摸摸的。
>
> 　一个偶然的机会，小薇听说只要把青春痘挤破，挤出里面的脓包和血液，再涂抹消毒的酒精，就可以快速愈合。小薇从此之后有了一个爱好，那就是挤压青春痘。每当挤破一个青春痘，她就特别有成就感。有一次，小薇的鼻翼左侧长出了一个巨大的青春痘，根部脓肿，一碰就疼。几天之后，青春痘上面长出很多的白色脓包，小薇忍着疼，使劲地挤压青春痘的根部。只听噗嗤一声，青春痘的白色脓包被挤得喷射到镜子上，小薇乘胜追击，又挤出了很多鲜红的血液，这才忍着疼用酒精消毒。结果，当天晚上小薇面部就严重地肿了起来，而且她还发烧了。小薇感到特别难受，赶紧求助于爸爸妈妈，爸爸妈妈看到小薇症状严重，火速带着小薇去了医院。医生狠狠地批评了小薇，还告诉小薇面部三角区的痘痘是不能挤的，否则会引起严重的感染。后来，小薇输液好几天，才终于缓解了症状。从此之后，小薇再也不敢挤压面部三角区的痘痘了。医生还告诉小薇，面部其他地方的痘痘也不能挤压，否则就会留下难看的疤痕。小薇当然不想变得难看，只得管好自己的手，让自己不要四处乱挤。几年之后，小薇度过青春期，痘痘渐渐地消失了，她变得越来越漂亮。

　　面子工程让很多青春期女孩都备受煎熬，然而，不管是男孩还是女孩，在青春期都难免要打响"战痘"战役。通常情况下，女孩进入青春期之后就开始长痘痘，一直到青春期结束，情况才会好转。也有的女孩内分泌失调很严重，所以到了二十多甚至三十多岁，也还会零星地长出痘痘。由此可见，"战痘"战役是很难速战速决的。不过，如今有很多护肤品都可以有效地缓解青春痘，如深度洁肤的洗面奶、深度补水的护肤品等。此外，在日常生活中，为了避免痘痘疯长，女孩还要坚持清淡饮食，减少摄入辛辣刺激的食物、甜食和

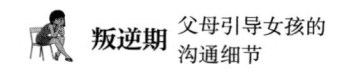

油炸食物等。只有通过内部和外部一起调理，女孩才能有效地控制痘痘的生长情况。

除了内外调理之外，女孩还要注意缓解压力，保持规律作息。这是因为痘痘也会受到精神因素的影响。细心的女孩会发现，一旦到了考试前后，痘痘就会长得更加气势汹汹。这一则是因为女孩为了迎战考试而熬夜，使得作息不规律，二则是因为女孩即将应对考试而倍感压力，导致情绪紧张。作为父母，可以从以下方面给予女孩帮助，和女孩齐心协力打响"战痘"战役。

首先，引导女孩接受痘痘的存在，保持愉悦的心情。很多女孩因为长痘痘而情绪压抑，常常感到自卑，为此在人际交往中变得很孤僻，不愿意与人相处。其实，长痘痘对于青春期女孩而言是正常的生理现象，所以无需为此感到自卑焦虑等，而是要保持愉悦的心情，积极地参加集体活动，主动地投入学习之中，这样反而有助于抑制痘痘生长。

其次，父母要为女孩准备清洁用品和护肤用品，这样有助于女孩保持面部清洁，给皮肤补充水分，同样是有利于抑制痘痘生长的。需要注意的是，有些女孩为了彻底控油，一天之中会数次清洁皮肤，这是不合理的举措，会导致皮肤水分流失，过于干燥。其实，每天洁面两到三次就足够了，过多不宜。

再次，保持清淡饮食，坚持规律作息。每个人的身体都是一个循环系统，任何环节出现问题，都会引发一系列的连锁反应。所以女孩切勿觉得"战痘"只关系到洁面、护肤等事情，而是要认识到"战痘"与饮食和休息都是密切相关的。女孩要坚持少油少盐少辣的饮食，也要坚持早睡早起的好习惯。尤其需要注意的是，一定要养成每天清晨排便的好习惯，这样既有助于帮助身体排毒，也有助于肠胃健康。

最后，引导女孩以正确的方式"战痘"，而不要任由女孩采取错误的方法"战痘"，否则就会损害身体。有些女孩听说服用避孕药能够缓解青春痘，因而偷偷地服用避孕药，结果非但没有从根本上治好痘痘，反而使自己出现月经不调的现象，这是得不偿失的。如果在采取很多措施之后痘痘依然不见好转，那就顺其自然吧，毕竟痘痘是青春期的产物，随着青春期的流逝，痘痘最终会与我们说"不见"的。

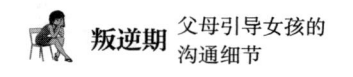

女孩的汗毛为何那么长

进入青春期,很多女孩都发现自己身上的汗毛越来越长,而且颜色也更黑了。看到自己原本白皙光洁的皮肤变得如同猴子一样毛茸茸的,女孩不由得感到自卑起来。到了炎热的夏季,其他女孩都穿着漂亮的裙子争相比美,汗毛浓密的女孩却自惭形秽,压根不敢把自己的胳膊和腿露出来。女孩生怕被他人嘲笑,毕竟任何女孩都不想有"毛猴子"的外号。

很多女孩都感到疑惑不解,她们曾经认为只有男性才会长出很多汗毛,而女性的汗毛应该是很短的,而且很稀疏,这样就不容易看到汗毛了。成年女性的汗毛的确颜色浅淡,比较稀疏。但是,青春期女孩却有可能长出浓密的汗毛,这是女孩体内的激素水平决定的。通常情况下,青春期女孩体内分泌了过多的雄性激素,汗毛就会非常浓密。只要排除汗毛浓密是病理原因导致的,女孩就无需过于担心。

> 小艾17岁,正在读高二。最近这段时间,小艾发现自己的汗毛变得越来越多,颜色也很黑。看着自己如同毛孩子一样,小艾不由得发愁起来。尤其是天气越来越热了,很多爱美的女孩都穿起了裙子,小艾却丝毫也不敢露出自己的胳膊和腿。这可怎么办呢?有一次,小艾在好朋友面前说起自己的烦心事,好朋友给小艾出了一个主意,那就是刮掉汗毛。小艾当即采纳了好朋友的建议,网购了一款剃须刀,就开始给自己剃毛。在

> 刚刚剃毛之后，小艾的确很开心，因为她的胳膊和腿都肉眼可见地变得光滑了。但是才过去没几天，汗毛就又长出来了。接二连三地剃了几次毛之后，小艾恐惧地发现自己的汗毛大有越长越多的势头，她更加发愁了。这可怎么办呢？思来想去，小艾决定去医院看皮肤科。
>
> 皮肤科的医生听说了小艾给自己脱毛的经历，忍不住批评小爱："汗毛和头发一样也是会脱落的，你正在青春期，汗毛又多又长是正常的。你擅自把汗毛剃掉，反而闯祸了，这就刺激了汗毛加速生长。"小艾紧张地问医生怎么办，医生让小艾耐心等待，还说小艾现在是丑小鸭，将来一定会变成白天鹅。在医生的安抚下，小艾才放下心来。后来，小艾再也没有剃过汗毛，不知不觉间几年过去，小艾的汗毛果然变得又疏又浅淡了。正如医生所说的，小艾变成了真正的白天鹅。

每个人的身体上都有汗毛，汗毛是身体的一部分。皮肤在不停地发育，所以汗毛也在不停地生长。细心的女孩会发现，人的身体上除了手脚的掌心、口唇部位之外，其他地方都遍布汗毛。所以说有汗毛是正常现象，女孩无需紧张和焦虑。在青春期，女孩体内分泌出大量的生长激素，会刺激毛囊加速生长，所以女孩的汗毛变得浓密，而男孩则会长出胡须。

对于人体而言，汗毛的作用非常重要。例如，汗毛可以帮助我们调节体温，阻止灰尘侵入我们的皮肤，保持皮肤的干净整洁。既然如此，女孩为何还要剃掉自己的汗毛呢！通常情况下，女孩汗毛过多一则是因为遗传作用，二则是因为体内雄激素含量高，三则是因为患上了多毛症。如果是前两种原因，女孩无需过多理会。如果是最后一种原因，那么可以采取有效的措施进行治疗。

为了抑制汗毛生长，女孩要坚持清淡饮食，少吃辛辣刺激和油腻的食物。有些女孩迫不及待想要改善汗毛多的情况，因而采取剃毛、脱毛的方式，

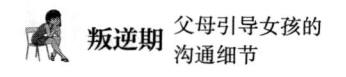

这些方法都会损害女孩的身体健康，要慎重使用。其实，只要汗毛没有超出正常的限度，女孩就可顺其自然。如果在过了青春期之后，女孩依然因为汗毛而苦恼，那么可以采取科学的方法对待。总而言之，汗毛是人身体的一部分，父母要告诉女孩这个道理，也要帮助女孩接受汗毛的存在。

我还能长高吗

青春期女孩常常会因为自己的身高和体重而感到苦恼。在这个以瘦为美的时代里，很多女孩都希望自己越瘦越好，与此同时，还希望自己能长得更高，最好有鹤立鸡群的感觉，尽情享受身高方面的优势。这是人之常情，也是女孩的合理愿望。对于体重，除非遗传性肥胖，女孩只要不暴饮暴食，还是可以控制好体重的。相比起体重，身高就没有那么好控制了。这是因为身高更多地取决于遗传因素，受到父母的遗传作用，而只在很小程度上取决于后天成长，如摄入多少营养素等。为此，女孩无需为了自己的身高而过度担忧。

进入青春期，男孩和女孩的身体都快速成长起来。有些青春期女孩误以为自己的身高会在青春期定型，因而一旦看到自己没有继续长高，就会非常担心和发愁。其实，身高在青春期不会定型，而是会快速增长。正是因为度过了青春期，女孩才能长大成人。也有些女孩特别喜欢与他人比较，看到身边的同学、朋友都长得越来越高，她们未免心急起来。其实，不同个体之间在青春期的成长和发育情况都存在差异，女孩是否长高、长高的速度都受到个人因素的影响，是因人而异的。通常情况下，女孩在10~12岁长高迅速，而男孩在11~13岁长高迅速。在青春期，女孩平均长高大概25厘米。到了17岁前后，女孩就会停止生长。所以女孩如果还不到17岁，先不要为自己没有快速长高而心急。换而言之，即使女孩很着急，也无法控制自己的身高。如果女孩长期处于紧张焦虑的状态，体内分泌的激素就会减少，更加影响身高增长。因而女孩要放松心情，既然过于焦虑影响长高，那么女孩何不轻轻松松，长得越来越高挑呢！退一步而言，即使女孩天生就不是高个子，这也是没有办法改变的事实，更是无需烦恼。

默默已经14岁了，正在读初二。对于自己的身高，默默很不满意。原来，默默只有150公分高，而她的同学们、朋友们自从上了初中就仿佛开挂了一样，一个长得更比一个高。有一次，默默被一个男生嘲笑是小矮子，她忍不住伤心地哭了起来。回到家里，默默把这件事情告诉了爸爸妈妈，还追问爸爸妈妈自己为何长不高，妈妈安抚默默："默默，你才14岁，还会继续长呢！"默默并不认可妈妈的话，还是很伤心地问道："但是，比我小一岁的同学都比我高半头了。"爸爸对默默说："默默，身高也受到遗传的影响，你看，我和妈妈个子都不高。但是，如今大多数孩子都比父母更高，是因为后天营养好，身体发育好，正是因为如此，我和妈妈才督促你每天都要喝牛奶，明白吗？"默默恍然大悟，遗憾地抱怨道："爸爸，你当初要是找个高个子的老婆就好了。"爸爸忍不住笑起来，说："问题是，爸爸与妈妈一见钟情啊！况且，我要是和别人结婚，女儿可就不是你了。"默默也哈哈大笑起来，问道："那么，我只能坚持喝牛奶了？"爸爸点点头，说："你只要超过160公分，就是胜利。放心，爸爸妈妈一定提供给你充足的牛奶！"得知自己身材矮小的原因，默默反而释然了。她每天都坚持喝牛奶，还坚持做跳跃运动和舒展运动呢！

到了高一，默默突然从153公分长高到164公分。看到默默长了这么高，爸爸妈妈都高兴极了。默默呢，也从自卑到自信，再也不因为身高问题而烦恼了。

很多女孩都和默默一样，因为父母的身高不高，所以身材矮小。那么她们也该向默默学习，不要为身高而苦恼，而是坚持喝牛奶，补充优质的钙，这样就能长得更高。虽然遗传因素对女孩的身高起到很大的作用，但并非是决定性因素。只要女孩不挑食，坚持摄入充足的营养，坚持摄入优质蛋白和足够的钙，女孩就很有可能和默默一样突然蹿高。

作为父母，当然也希望女孩长得越高越好。然而，父母要知道身高受到很多因素的影响，所以要引导女孩接受身高的现状，再采取有效的措施努力长高。当女孩因为身材矮小而失落沮丧的时候，父母要告诉女孩身高并非最重要的。能够鹤立鸡群当然好，如果注定身材矮小，就要努力地提升自己的能力，让自己形成强大的气场。古往今来，很多伟大的人都身材矮小，但是他们没有因为身高问题而盲目地自卑，反而成为了极具影响力的人，这就告诉我们身材是高大还是矮小，与一个人实现自身的价值，获得成功，都是没有关系的。

青春期女孩再也不要为自己是否能够长高而苦恼了。只要坚持运动，坚持均衡饮食，摄入充足的营养，女孩就会长到自己的极限。至于遗传因素的影响，相信每个女孩都不会因为父母不够高而改变对父母的爱！父母也许没有遗传给女孩高挑的身材，却给了女孩美丽的容貌、充满智慧的心灵，这是最好的礼物！

参考文献

[1] 陈静.青春期女孩成长手册[M].北京：航空工业出版社，2021.

[2] 睿雪.女孩的成长：养育青春期女孩的秘密[M].南京：江苏凤凰美术出版社，2019.

[3] 殷建灵.致未来的你——给女孩的十五封信[M].青岛：青岛出版社，2013.

[4] 沧浪.成长的秘密（女孩版套装）[M].北京：中国妇女出版社，2016.